"얘, 너 얼른 가서 아무개 아버지 모셔오너라. 주일을 거르면 못 쓰는 겨." 할머니께서는 출석대장이셨다. 마을 신자들을 한 분 한 분 살피시다 주일미사 결석자가 생기면 호통을 치셨다. "아마 밭에 있을 게다. 얼른 가서 호미 버리고 주일 지내라고 전하거라." 꼬맹이였던 사촌 형과 나는 심부름꾼 1호였다. 이른바 주일 땡땡이 치고 농사일하는 어른들 '체포조'쯤 되었을 것이다.

주일 땡땡이 체포조 연제호

뜨거운 눈물이 고인 졸업식, 그 아이가 건네준 노트 끝장에
또박또박 눌러쓴 글씨 '나 같은 친구 위해 일하는 사람 꼭 되어줘!'
초등학교 6학년, 남루한 옷차림에 말도 통하지 않아 '왕따'였던
한 친구. 나 역시 다가갈 자신이 없었지만 "예수님은 어떻게
하셨겠니?" 하신 어머니 말씀에 수돗물로 배 채우기 일쑤인 녀석을 위해
'냠냠클럽'을 만들어 돌아가면서 도시락을 두 개씩 싸갔다.
열 칸짜리 노트를 사서 쉬는 시간마다 한글을 가르쳤던 기억은
더욱더 생생하다. 'ㄱ' 가르치는 데 한 달, 'ㄴ' 가르치는 데 3주….

냠냠클럽과 열 칸짜리 노트 신용문

내가 만난 가톨릭

점심에 찾아온 손님

가톨릭다이제스트 엮음

ⓒ2017 흰물결

점심에 찾아온 손님

펴낸곳 도서출판 흰물결
펴낸이 박수아
표지그림 김선두

초판 1쇄 발행일 2014년 8월 15일
초판 2쇄 발행일 2018년 3월 19일

주   소 06595 서울 서초구 반포대로 150 흰물결아트센터 4층
등   록 1994. 4.14 제3-544호
대표전화 02-535-7004 팩스 02-596-5675
이메일 mail@cadigest.co.kr
홈페이지 www.catholicdigest.kr

값 13,000원
ISBN 978-89-92961-13-4

점심에 찾아온 손님

흰물결

점심에 찾아온 손님

점심에 찾아온 손님

빵 심부름 갔다가

보이지 않는 세상

종교는 아주 좁은 세상이라고 단정하고 살았다. 일방적 세계관을 강요하는 종교인들을 만나면 종교처럼 꽉 막힌 세계도 없는 듯 여겨졌다. 가톨릭이라고 특별히 다를 거라고 생각하지 않았다.

오로지 하느님이라는 단 하나의 존재를 향해 가는 그 단순함은 세상의 다양한 가치를 추구하는 것과는 비교할 수도 없이 답답할 거라는 생각을 갖고 살았다.

그런데 나는 가톨릭 신자들을 만나 그들이 가톨릭을 어떻게 만났고 가톨릭을 통해 어떤 변화를 겪었는지를 들으면서 내 생각이 오히려 닫혀있다는 것을 알게 되었다.

세상 사람들이 추구하는 가치라고 해봐야 결국 돈이나 명예, 권력 같은 눈에 보이는 것들뿐이었다. 과학이나 철학도 실상 인간의 눈으로 잴 수 있는 것들만 탐구하는 작은 세계였다.

놀랍게도, 가톨릭은 그것들을 이미 담고 있었을뿐더러 인간 세상에서는 듣지도 보지도 못한 진기한 것들을 간직하고 있었다. 세상의 시작과 끝은 물론 내 안의 작은 떨림과 나뭇잎의 스침, 우주의 생성과 소멸까지 담아내고 있었다.

　나는 부끄러웠고 가톨릭을 알아야겠다고 마음먹었다. 그런데 세상에는 가톨릭을 이미 알고 있는 사람들이 너무나 많았다. 좋은 대학을 나오고 알아주는 직업이 있으며 수많은 책으로 풍부한 지식을 갖고 있다고 자부해온 내가 꿈에도 가보지 못했던 세상을 그들은 이미 체험하고 실천하고 있었다.
　가톨릭을 만난 사람은 자신을 죽이고 새로 태어났다. 위세를 부리던 사람도, 세속의 영광을 자랑스러워하는 사람도 가톨릭을 만나면 어느덧 자신을 낮추고 말았다. 가난을 하소연하기만 하던 사람도 가톨릭을 만나면 남에게 나눠줄 것을 찾았다.
　나보다 가진 것도, 아는 것도 없어 보이는 사람들조차 오히려 더 크고 열린 세계를 살고 있는 이유가 참 궁금했다.

몇 년 전 어느 성당에서 이런 나의 체험을 신자들에게 들려주었다. 강의가 끝나고 신부님께서 강의료를 주셨는데 받지 않고 돌아왔다. 몇 년이 지나 다시 그 성당에서 강의를 하게 되었다. 강의 후에 신부님께서 저금통 하나를 내미셨다.

"한 푼 두 푼 형제님을 생각하며 모았습니다. 강의료를 받지 않으시니 뜻있는 일을 하시는 데 쓰십시오."

백 원짜리 천 원짜리… 세어보니 자그마치 120만 원이 넘었다. 그분은 변호사인 나에 비하면 가진 것이 쥐뿔도 없어 보였다. 그런데 그 가난한 신부가 나에게 가치 있는 일에 쓰라며 그 큰돈을 주다니….

〈장자〉에 이런 대목이 나온다. 장자가 왕을 만나러 온다고 하자 왕은 지혜로운 장자에게 왕의 자리를 빼앗길까 봐 죽이려 한다. 그러자 장자는 자신의 마음을 이렇게 표현한다.

그대는 저 남쪽 나라에 사는 한 신비로운 새
영원히 죽지 않는 신령한 새를 아는가

이 불멸의 새는 남녘바다에서 날아올라
저 북녘바다로 날아가는데
신성한 나무 위가 아니면 내려앉지 않고
가장 고결하고 귀한 열매가 아니면 입대지 않으며
오로지 가장 순수한 샘에서만 물을 마신다.

한번은 올빼미가 반쯤 썩은 쥐를 뜯어 먹고 있다가
하늘을 비상해 가는 이 불사조를 보았다.
올빼미는 놀라 비명을 지르고는
쥐를 빼앗길까 두려워 꽉 움켜쥐었다.

〈점심에 찾아온 손님〉은 썩은 먹잇감을 빼앗길까 두려워하는 올
빼미들의 이야기가 아니다. 그렇다고 신성한 나무 위가 아니면 내려

앉지 않고, 고결한 열매가 아니면 입대지 않는 신령한 새들의 이야기도 아니다. 올빼미이기도 하고 신령한 새이기도 한 우리 모두의 이야기다.

올빼미 세상에서 사는 우리들이지만 우리에게는 신령한 새처럼 살았던 기쁨, 그렇게 살고자 했던 소망이 있다.

〈점심에 찾아온 손님〉은 그 기쁨과 소망을 세상 사람들과 함께 나누고자 하는 염원을 담았다.

각양각색의 사람들이 흥미롭게 펼치는 우리 삶 속의 살아있는 이야기를 통해 가톨릭의 아름다움, 가톨릭의 신비로움을 접해보시기 바란다. 아마 눈에서는 눈물이 흐르고 얼굴에는 기쁨이 번지는 그런 아름다운 시간들이 함께할 것이라 확신한다.

서초동 흰물결에서
윤 학

태평양을 건너온
편지 한 통

태평양을 건너온 편지 한 통

임문철 신부

오랜만에 동창신부들을 만나니 모두 머리에 하얗게 서리가 내렸다. 옛날 얘기들로 여기저기서 웃음꽃이 핀다.

그 중 최고의 레퍼토리는 신학교에서 쫓겨날 뻔한 사건들이다. "너 그때 군대 안 갔으면 일번 타자로 짤렸을 걸!" "맞아. 넌 2번 타자고…."

때 아닌 진실공방도 벌어진다. "아, 그때 네가 딱 한 잔만 더 하자고 하는 바람에 늦게 들어갔다가 교수신부님께 들켰잖아." "네가 그랬지~ 내가 그랬나?"

하늘의 뜻을 안다는 지천명의 나이를 넘어서, 이제 무슨 말을 들어도 흔들림이 없다는 이순을 향해가고 있는 우리들이 나누는 그 웃음은 바로 턱없이 부족한 우리를 당신의 사제로 불러주고 이끌어주시는 하느님의 사랑에 대한 감사와 찬미의 노래다.

"나 무엇으로 주님께 갚으리오? 내게 베푸신 그 모든 은혜를, 구원의 잔을 들고서 주님의 이름을 받들어 부르네."시편 116,12-13 첫미사의 눈물이 아직도 눈가에 맺혀있는 듯한데, 벌써 25년이란 세월이 흘렀고 감사와 죄송함 속에 은경축 잔치도 벌였다. 그러면서 다시금 초심으로 돌아갈 것을 다짐했다. 그러던 어느 날 태평양을 건너온 메일 한 통을 받았다.

안녕하십니까? 임 신부님.
저는 지금 미국대학교에서 공부하고 있는 신부입니다.
학교 옆 미국성당에서 기거하고 있는데, 하루는 미사를 마치고 신자들과 인사를 나누던 중 할머니 신자 한 분이 어느 한국신학생의 사진과 편지를 저에게 보여주셨습니다.
할머니는 오래전 한국에 있는 한 신학생을 후원하였는데, 그 신학생의 사진과 편지라면서 아직도 그 신학생을 위해 기도하고 있다고 하셨습니다. 제가 한국인 신부라는 것을 알고 혹시 그 신학생이 신부님이 되셨는지 궁금하다고 하셨습니다.
그 편지에 광주 대건신학교 주소와 임문철이라는 이름이 적혀 있

어서 신부님의 연락처를 찾을 수 있었습니다.

그 할머니께서 신부님과 인사라도 나누고 싶다고 하셨는데, 혹시 신부님께서도 원하시는지 여쭙고 싶습니다.

메일을 읽어내려가면서 내 마음은 태양을 삼킨 듯 뜨거워졌다. '이렇게 나약하고 불충한 내가 오늘에 이를 수 있었던 것은 바로 이런 분들의 기도와 희생 덕분이었구나!'

30년 전, 우리 신학교는 많은 미국 은인들의 도움을 받아 학교를 운영하고 있었다. 요즘 꽃동네 후원회처럼 다달이 1달러나 5달러씩 보내주면 학교에서는 학생들에게 그 은인들 한 분 한 분을 배당해서 감사편지를 쓰게 했다.

그러나 그 후원금이 학생 개개인에게 직접 주어지는 것이 아니어서 나는 초등학교 시절 파월장병 아저씨께 위문편지 썼던 것처럼, 학교소식과 의례적인 감사인사로 두 페이지를 겨우 채워 보내놓고는 까마득히 잊고 있었다.

그런데 그 할머니는 30년이 다 되도록 나를 위해 기도하고 있다니! 그것도 내가 신부가 되었는지 안 되었는지도 모르면서 말이다.

알려준 번호로 전화를 했더니 얼마나 반가워하시는지…. 그리고 하는 말, "지금 전화 받는 책상 위에 네 사진이 놓여있다."

언제 한번 한국에 오시라고 했더니 할머니는 79세, 할아버지는 87세라며 나이가 너무 많아 여행을 할 수 없단다. 내가 갈 수밖에 없겠다고 했더니 죽을 때가 가까웠으니 빨리 오라고 농담을 하신다.

얼마 후 다시 전화 드리니 할머니는 수술 받아 병원에 계시고 할아버지만 혼자 계셨다. 올 가을에 가 뵙겠다고 약속을 드렸다. 이런 인연을 맺어놓은 좋으신 하느님께서도 우리의 만남을 기뻐하시겠지?

*높아만 보였던 아버지가 신부님을 깍듯이 모시는 것을 보며 신부님이 세상에서 제일 높은 분인 줄 알고 신부가 되겠다는 꿈을 품었던 **임문철** 신부는 사제가 되고 첫 미사에서 어릴적 꿈을 이뤘다는 기쁨에 가수 윤항기의 노래 '나는 행복합니다'를 불렀다. 언제나 행복하다는 그이지만 무슨 기념식이다 축일이다 하여 점잖 빼고 앉아있는 일은 매우 견디기 힘들다. 그런데 하느님 사랑을 전하는 일을 할 때는 육체적으로는 더 힘든데도 힘이 솟구치는 걸 느끼며, 확실히 적성을 잘 살렸다는 생각이 든다.*

주일 땡땡이 체포조

연제호 스포츠동아 부국장

"할머니, 이게 뭐야? 무슨 글씨가 이래?" 숨바꼭질을 하다 광에 숨었던 나는 작은 책을 들고 헐레벌떡 할머니를 찾았다. "아이고 이놈아, 숨넘어가겠다. 좀 천천히…." 바늘귀에 실을 꿰던 할머니는 눈을 바늘에 고정한 채 입으로만 걱정하셨다.

"할머니, 이상한 글씨가 있어. 이거 어떻게 읽어?"

당시 초등학교에 다니던 나는 생전 처음 보는 글씨에 눈이 황소같이 휘둥그레졌는데 할머니는 줄줄줄 책을 읽어내려갔다.

'문 : 텬주가 누구ㄴ뇨?'

"텬주는 천주이고 '누구ㄴ뇨'는 '누구입니까?' 란다."

그 책은 '아래 아'를 쓰고 두음법칙이 적용되지 않았던 조선 말기의 책이었다. 책 표지엔 '교리문답'이라고 쓰여있었던 것으로 기억된다. 1970년대, 전기도 차도 안 들어오던 '깡촌'이었지만 할머니 댁엔 이런 책들이 꽤나 많이 있었다. 모두 천주교와 관련된 책이었다.

할머니께선 삼종기도는 물론이요, 새벽이면 책과 묵주를 들고 끄덕끄덕 신공을 하셨다. 훗날 광에 있던 한 무더기의 '텬주교 책'은 박물관에 기증하신다며 신부님이 가져가셨다.

늘 그랬듯 음력 오뉴월 농촌의 하루는 농사일로부터 시작된다. 해가 뜨기도 전에 어른들은 벌써 호미며 낫을 들고 들로 나갔다. 여름 햇볕은 얼마나 뜨거운가. 고개만 떨구어도 지구 타는 열기가 콧속으로 들어오지 않던가.

대식구였던 우리는 주일이면 새벽 농사일을 마치고 꼭 할머니가 계시는 큰집에서 밥을 함께 먹었는데, 열 시쯤 되면 동네 사람들이 하나둘씩 할머니 댁에 모였다. 성당과 멀리 떨어져 있는 마을이라 주일이면 할머니 댁은 간이성당으로 변하고 '공소예절'로 미사를 대신하곤 했다.

"얘, 너 얼른 가서 아무개 아버지 모셔오너라. 주일을 거르면 못 쓰는 겨." 할머니께서는 출석대장이셨다. 마을 신자들을 한 분 한 분 살피시다 결석자가 생기면 호통을 치셨다. "아마 밭에 있을 게다. 얼른 가서 호미 버리고 주일 지내라고 전하거라." 꼬맹이였던 사촌 형과 나는 심부름꾼 1호였다. 이른바 주일 땡땡이치고 농사일하는 어른들 '체포조'쯤 되었을 것이다.

신자들이 모이면 아래 윗방 장지문을 다 들어내고 군데군데 모여서 공소예절을 올렸다. 가방끈이 비교적 긴 삼촌이 신부님 역할을 대신했다. 공소예절이 끝나면 연도가 이어졌다. 남녀가 서로 주고받는 응답기도가 시작됐다.

할머니께서는 그 모든 걸 다 외우고 계셔서 교리책도 연도책도 필요가 없었다. 혹여 선창자가 틀리거나 머뭇거리기라도 할라치면 가차 없이 '이거야.' 하시면서 이끌어가셨다.

어린 형과 나는 책이 귀해서 그냥 듣고만 있었다. 뜻도 이해하지 못하면서 귀에 들리는 대로 후렴구만 따라 했다. "주는 연령을 위하여 빌어주소서."를 "주는 열 냥을 주소서." 하는 식이었다. 그것도 큰 소리로.

'큭큭' 여기저기서 웃음소리가 나오고 그렇게 연도는 끝났다. 할머니께서는 엉터리지만 '열심히' 연도한 우리가 기특하다고 벽장 속에 숨겨놓은 맛있는 갱엿을 주셨다. 가끔씩 동전 한 닢을 주시기도 하고….

난 신앙생활을 하면서 평신도로서 할머니처럼 믿음이 투철하고 기도를 열심히 하는 분을 뵌 적이 많지 않다. 이삼십 리나 떨어진 산길을 헤치고 본당에서 주일을 보내는 것을 최고의 낙으로 살던 할머니.

　50여 호밖에 안 되는 작은 산골 마을을 신앙의 마을로 바꾼 것도 할머니가 아니었으면 힘든 일이었을 것이다. 처음엔 몇 집뿐이었는데 할머니는 절반 이상을 성가정으로 바꿔놓았다.

　할머니는 지금 우리 곁에 계시지 않는다. 하지만 피는 속이지 못하는 법. 그 피를 이어받아 고모님이 수녀가 되었고 손자는 사제서품까지 받았다. 그리고 나머지 자손들도 여기저기 흩어져 신앙생활을 열심히 하고 있다.

　믿음이란 무엇인가? 포교란 무엇인가? 근본적인 물음의 해답을 찾아갈 때면 할머니가 생각난다. 할머니가 주시는 답은 '생활이 믿음이요, 곧 포교다.'일 것이다. 오늘처럼 푹푹 찌는 날엔 할머니의 연도 소리가 더 그립다.

부모님은 행정고시를 보고 공무원이 되길 원했지만, 독재정권에 맞선 대학가 시위가 언론통제로 보도되지 않는 걸 보고 대학신문사 기자가 되었던 **연제호**는 결국 동아일보 기자가 되었고, 지금은 스포츠동아 부국장이다. 학내시위 좌절로 분노를 토하는 중 선배들의 비겁함을 어설프게 꼬집던 새내기 여학생과 7년간 선후배와 애인 사이를 오가다 결혼했다.
기자 생활에 지쳐가던 40대에 동료들과 백두대간 종주를 시작하여 지금은 자전거로 한반도 해안을 종주 중이다. 앞으로 백두대간을 역종주해보고 고향에 내 집도 짓고 환갑에는 색소폰 연주도 하고 싶다.

슬쩍 자리를 피하던 아버지

권오현 교수

소파에 앉아 블록쌓기를 하는 손자 녀석을 지켜보며 꾸벅꾸벅 졸다가 "비오도 곧 세례를 받아야 할 텐데 언제가 좋겠어요?" 하는 아내의 말에 정신이 퍼뜩 들었다.

이번에 두 살이 되는 손자 비오까지 세례를 받으면 아버지부터 시작된 가톨릭 신앙이 4대에 걸쳐 이어진다는 사실에 감회가 새로워지면서 오래전에 돌아가신 아버지 생각이 났다.

심하게 표현하면 아버지는 우리 가족에게 있으나 마나 한 존재였다. 아버지는 평생 무엇 하나 이룬 것도, 자식들에게 베푼 것도 없는 분이었다.

학비를 못내 쩔쩔맬 때에도 어머니가 나서서 해결했고 아버지는 강 건너 불 보듯 했다. 여인숙을 운영하던 어머니가 다음날 아침까지 갚아야 할 이자 때문에 잠 못 이루고 노심초사할 때에도 아버지는 태평하게 일찌감치 주무셨다.

하긴 아버지가 걱정한다고 될 일은 아니었다. 돈벌이라고 해봤자 시장에서 씨앗을 파는 것이 전부였으니 집안 살림에 도움이 되지 못했다.

더욱 못마땅했던 것은 도대체 자존심이라고는 없는 사람처럼 처신하는 것이었다. 내 눈에는 별 볼 일 없는 사람에게도 툭하면 굽실거리는 모습이었다. 내 친구들이 있는 자리에서 그런 모습을 보일 때에는 얼굴이 화끈거렸다.

중학생 때, 시장을 지나다가 우연히 아버지를 보게 되었다. 슬쩍 외면하고 지나가려는데, 하필이면 그때 점포주인으로부터 수모를 당하고 있었다. 거리에서 씨앗을 팔던 아버지에게 점포주인은 영업에 방해가 된다며 다른 곳으로 옮기라고, 마치 종 다루듯 손가락질하며 큰소리를 쳤다. 아버지는 대꾸 한번 제대로 못하고 연신 굽실거리며 짐을 정리하기 바빴다.

나는 분노와 모욕감을 느꼈다. 아버지의 초라한 뒷모습을 보면서 나만은 절대로 아버지처럼 살지 않겠다고 다짐했다.

하지만 그렇게 좌절감만 안겨주던 아버지는 성당일이나 사람을 돕는 일에는 전혀 다른 모습이었다. 하루도 빠지지 않고 새벽 미사에 나가고 누가 죽거나 하면 밤새워 연도를 하고 시신을 염했다. 어떤 때는 아예 마지막 장례미사까지 참석한 뒤 집으로 돌아왔다.

그러면서도 집안일은 나 몰라라 하니 가족들로부터 더욱 싸늘한 시선을 받을 수밖에 없었다. 삶에 지친 어머니는 아예 성당에서 살지 집에 뭐하러 오냐며 퉁명스럽게 핀잔을 주곤 했다.

어느 한겨울에는 아끼던 가죽 잠바를 거지에게 벗어주고 온 적도 있었다. 그때 우리는 경제적으로 힘들었고, 형님도 그 잠바를 탐내고 있었기 때문에 온 집안 식구들은 아연실색할 수밖에 없었다. 가족들의 냉랭한 눈길과 비난이 아버지에게 집중되었다. 어머니의 잔소리를 아무 말 없이 듣다가 슬쩍 자리를 피하던 아버지의 모습이 아직도 기억난다.

아버지는 그렇게 남들은 물론 가족에게서조차 제대로 된 대접 한번 못 받고 변두리 인생만 살다가 1980년 여름, 후두암으로 돌아가셨다.

그런데 돌아가시자마자 전혀 다른 상황이 전개되었다. 연도를 위해 성당 신자들이 시도 때도 없이 몰려왔고, 신부님과 수녀님도 교대로 찾아왔다. 아버지의 생전 모습을 기리면서 눈시울을 붉히는 사람들도 많았다. 그들은 아버지가 천주교 공원묘지에 안장될 때까지 한결같이 헌신적으로 봉사했는데 여기서 나는 깊은 인상을 받았다.

과거에도 가톨릭 신자들의 장례식을 몇 번 봤지만, 그토록 많은 사람들이 진심으로 슬퍼하며 추모하는 모습을 보기는 처음이었다.

더욱 의아했던 것은 어머니의 모습이었다. 평소 아버지를 그토록 미워하던 분이 막상 아버지가 돌아가시자 애통해하는 것이었다. 처음에는 충격으로 인한 일시적인 것이려니 생각했으나, 장례식이 끝난 뒤에도 한 달이 넘도록 수시로 눈물을 흘리며 아버지를 그리워했다. 그러나 아버지는 내 기억에서 서서히 잊혀져갔다. 어쩌면 빨리 잊고 싶었을지도 모른다.

하지만 세월이 흐르고 나도 신앙에 눈을 뜨면서 아버지에 대한 생각이 서서히 바뀌어갔다. 아버지는 인간적 관점에서는 무능하고 불쌍한 분이지만 하느님 입장에서는 다를 거라는 생각이 들었다. 어쩌면 하느님은 아버지를 통해 모종의 숨은 계획을 가지고 계셨던 것은 아닐까.

아버지 살아계실 때는 성당이나 신앙이란 것이 우리 가족에게 별 의미를 주지 못했다. 우리가 가톨릭을 배척하지 않은 것 만도 다행이라 할 수 있었다.

그러나 아버지가 돌아가신 후부터 평소 가톨릭에 부정적이던 어머니가 매일 새벽 미사에 나갈 뿐만 아니라 밤낮으로 묵주기 도를 빠뜨리지 않았다. 그러다 보니 오히려 아버지 때보다 훨씬 더 많은 가족들이 자연스럽게 가톨릭 신앙을 갖게 되었다. 나와 형제들은 물론 조카들과 그 가족들까지도 대부분 성당을 나가 게 되고 수녀도 탄생했다.

우리 가족은 명절 때면 한데 모여 차례를 지낸 후 성가를 부 른다. 그때마다 영정사진 속에서 아버지가 우리를 보고 흐뭇해 하는 것 같아 그리움마저 드는 것이었다. 이처럼 하느님의 뜻이 아니고는 설명이 힘든 일들이 우리 집안에 꾸준히 벌어졌다.

하느님은 왜 우리에게 진작 영적인 눈을 뜨도록 해주시지 않 았을까? 아버지를 왜 그토록 미미한 존재로 지내도록 했을까? 그것은 하느님만 알고 계신다.

하지만 짐작은 할 수 있을 것 같다. 위대한 예술가나 성인들 을 보더라도 생전에 사람들로부터 인정받고, 존경받은 사람들 보다는, 죽고 나서야 그 가치를 인정받은 분들이 더 많다.

하느님은 어리석고 불쌍해 보이는 사람들을 통해 당신의 영광을 드러내신다. 이런 것들이야말로 우리가 보지 못하는 저 너머에 있는 하느님의 섭리가 아닐까?

아버지를 더 이상 볼 수는 없지만 지금도 하늘나라에서 우리 가족을 위해 기도하시리라는 생각이 든다. 이런 아버지가 오늘따라 너무도 그리워진다.

남들이 할아버지 취급을 하면 기분이 언짢지만 손자 비오가 "하~버지" 하고 부르면 행복하다는 '젊은 할아버지' **권오현**은 동네 아이들과 커다란 진지를 만들어 병정놀이를 하며 뛰놀던 어린 시절이 가장 행복했다. 대학 갈 형편이 못돼 해군사관학교에 들어갔는데 동기생이 하나뿐인 여동생을 소개해주어 평생의 연을 맺었고 오랜 군대 생활 중에도 꾸준히 준비하여 오래전부터 꿈꾸었던 교수가 되었다.
전에는 눈에 보이는 지위나 명예, 재산을 성공의 기준으로 생각하곤 했으나 신앙을 갖게 되면서 '나중에 기쁜 마음으로 하느님 앞에 설 수 있는지'가 성공의 기준이 되었다.

나는 다섯 번 웃으려고요

손영희 초등 돌봄교사

　나는 지하철 3호선을 타고 출퇴근을 한다. 고속터미널역은
환승역이라 늘 승객들이 많은데, 특히 지방에서 올라온 사람들
이 많이 탄다. 휘둥그레진 눈으로 행선지를 계속 확인하는 그들
을 보면 17년 전 이 지하철을 타러 가며 올려다보았던 맑은 하
늘이 떠오른다.

　남편의 전근으로 2톤 트럭에 남편과 둘째, 셋째 아이를 이삿
짐과 함께 먼저 보내고 나는 시골집을 정리한 후 고속버스로 서
울에 도착했다.

　터미널에 내린 나는 한쪽은 빨간색 한쪽은 초록색인 포대기

에 넷째 아이를 업고 한 손에는 기저귀가방을 들고, 다른 한 손으로는 초등학교 1학년 큰아들의 손을 잡고 지하철을 탔다.

시골에서 자란 개구쟁이 큰아들의 꼭 잡은 손에서 힘을 느끼며 하늘을 다시 쳐다보았다. 등에 업힌 아기도 울지 않고 잘 견디어 주었다.

이사하기 한 달 전 남편과 둘이서 눈보라를 맞으며 집을 구하러 다녔다. 부동산 아저씨는 우리를 조그마한 2층 양옥집에 데리고 가며 아이들이 많으면 세를 잘 주지 않으니 말을 하지 말라고 했다.

하지만 주인집 딸과 만났을 때 내가 말했다. "아이가 네 명 있습니다." 주인집 딸이 "아버지께 여쭤볼게요." 하면서 올라간 사이 나는 남편의 꾸지람과 눈총을 받아야 했다.

한참 후에 "아버지께서 세상에 자식 낳지 않고 사는 사람 없으니 와서 살라고 하시네요." 나는 "고맙습니다."는 말을 하면서 하늘을 올려다보았다.

나는 빨리 돈을 벌어 집을 사기 위해 아이들을 달래가며 부업을 했다. 그런데 어느 날 아침, 하늘이 노래졌다. 또 아기가 생겼으면 어쩌나…. 하느님께 기도했다. '제발 자연유산되게 해주세요. 저에게 올 아이를 10년이 넘도록 아기가 없는 작은 오빠

집으로 보내주세요.' 3개월부터는 기도를 들어주지 않는 하느님이 얄미워 성당도 나가지 않았다.

5개월이 넘으면서 태동이 왔다. 낙심 끝에 성당에 나갔다. 고해소에 들어가 한숨을 쉬고 "6개월 동안 성당에 나오지 않았습니다. 왜냐하면 다섯째를 임신했거든요." 이번에는 신부님이 한숨을 쉬셨다.

"자연유산 시켜달라고 기도했는데 안 들어 주셔서 성당을 쉬었습니다." "그래서요?" 다그치는 신부님 말씀에 "이제는 낳아야죠. 그래서 성당에 나왔어요." 하니 신부님께서 큰 소리로 "잘하셨습니다. 하느님께서 모두 다 알아서 해주실 것입니다. 아무 걱정 마세요." 하셨다.

그렇게 다섯째 아이를 낳고 허약해진 몸으로 하루하루 전쟁이 따로 없구나 생각하면서 힘겹게 살았다. 집에 아이들만 남겨놓고 한의원에서 치료를 받고 돌아오면 큰아이는 갓난아기를 무릎에 올려놓은 채 달래고 있고 어린아이들은 집을 난장판으로 해놓고 있었다. 그럴 때면 하늘을 우러러보면서 '다 알아서 해주시는 게 이것입니까.' 항의하곤 했다.

큰 아이 초등학교 5학년 때 시어머니께서 돌아가셨다. 장례식장에서 시누이의 아이가 넘어져 울고 있었지만 손이 부족하여 모두 어쩌지 못하고 있었다.

그때 혼자서 자란 중학생 아이는 멀뚱히 보고 있는데, 우리 큰아이가 가서 일으켜 달래주는 것을 보고 마음이 찡해왔다. '동생들 돌보면서 몸에 밴 행동이 자연스럽게 나오는구나.'

하루는 2층에 사는 아기 엄마가 "원경이 엄마, 저 임신했어요, 고마워요." 한다. "뭐가요? 저는 해드린 게 하나도 없는데…."

"사실 제가 물웅덩이에 발을 헛디디는 바람에 뱃속에 있던 둘째 아이가 죽었어요. 그 후로 절대 아기를 낳지 않기로 생각했어요. 그런데 원경이네가 이사 온 후 생각을 바꿨어요.

다섯 살 막내를 일곱 살 언니와 아홉 살 오빠가 번갈아가면서 업고 오는데 혼자 크고 있는 우리 딸아이가 외롭겠다는 생각이 들더라고요.

원경이네 형제들이 마당에서 뛰어놀면 우리 아이는 혼자 창문으로 보고만 있어요. 같이 가서 놀아라 해도 용기를 못 내요. 원경이네 형제들을 보면서 아이를 낳기로 마음을 굳혔어요."

하루는 이웃 엄마가 "왜 그렇게 아이를 많이 낳았어요?" 하고 물어 나는 "두 명 아이를 가진 사람이 두 번 웃을 때 나는 다섯 번 웃으려고요." 하고 대답하고 싶었다.

이제는 다 큰 아이들을 보면 행복하다. 어떻게 항상 그렇게 웃고 사느냐는 질문을 받으면 나는 하늘을 보며 말한다.

"다 알아서 해주시니까요."

초등학교 때 산길로 5km를 걸어 다녔는데, 학교에 가며 산길에 생고구마를 던져놓고 오는 길에 친구들과 찾아 먹곤 했다. 살짝 얼어 더 달콤했던 그 맛을 아직도 잊지 않고 있는 **손영희**는 맞벌이 가정 아이들의 방과 후 숙제도 함께 하고, 간식도 만들어주는 초등학교 돌봄교사다.
사춘기 시절 어른들이 '왜 저런 행동을 할까' 생각하며 어른이 되면 아주 현명한 사람이 되는 줄 알았는데, 문득 자신에게서 그런 어른들의 모습이 보일 때면 스스로를 돌아보게 된다. 책을 좋아해 책 속을 헤매며 울고, 웃고 하다 보니 어느덧 마음속에 아름다운 글을 쓰고 싶은 소망이 자리하게 되었다.

점심에 찾아온 손님1

김영교 신부

추운 겨울 어느 날, 점심을 하러 식당에 내려가려는 순간 전화벨이 울렸다. 어느 분이 찾아와 '5분이라도 좋으니 꼭 면담을 하고 싶다.'는 사무실로부터의 연락이었다.

잠시 후 40대 남자가 몹시 초조한 모습으로 방에 들어왔다. 그는 천안의 어느 초등학교 교사라고 소개하면서 5분 이상 지체하지 않겠다고 했다. 아마 때가 지나면 유난히 배고픔을 참지 못하는 분이니 시간을 끌지 말라고 사무실에서 부탁한 모양이었다.

그는 어머니가 간경화로 누워있는 조치원에 가는 길인데 아

무래도 오늘 어머니를 뵙는 것이 이 세상에서의 마지막 인사가
될 것 같다고 했다. 외아들로서 세상을 떠나는 어머니에게 무언
가 귀중한 선물을 드리고 싶지만, 아무리 생각해도 그 선물이
생각나지 않는다는 것이었다.

어머니가 평소 좋아하던 음식을 사드려도 잡수실 수 없고, 좋
아하는 옷을 사드린들 무슨 소용이 있겠느냐며 "신부님, 무슨
이야기라도 좋으니 좋은 말씀 하나 해주십시오.

그러면 그 말씀을 제 마음에 귀히 간직했다가 세상을 떠나시
는 어머니 귀에 대고 그대로 들려드리는 것으로 어머니께 마지
막 선물을 드리고 싶습니다." 하는 것이었다.

그의 진지한 자세가 젊고 앳된 사제인 나에게는 신비한 느낌
까지 주어 반사적으로 "선생님, 성당을 한 번이라도 와보신 일
이 있습니까?" 하고 묻자 "한 번도 없습니다." 하고 대답했다.
의아한 마음으로 "그런데 왜 신부인 저를 찾아와 어머님께 드
릴 마지막 선물을 의논하시는 것입니까?" 하고 다시 물었다.

그러자 그는 "세상에 하나밖에 없는 자식인데도 세상을 떠나
시는 어머니께 아무것도 드릴 수 없음을 깨닫고 저 자신이 너무
초라하고 비참했습니다.

그런 실망감에 고개를 숙이고 힘없이 걷는데 바로 이 성당의

종탑과 십자가가 눈에 들어왔습니다.

　순간적으로 '아! 저곳에 가보자. 목사님이나 신부님이 계시겠지. 그분들은 우리 어머니께 마지막 선물을 줄 수 있는 사람들일지도 몰라' 하는 생각이 들어 찾아왔습니다."라고 했다.

　나는 잔잔한 감동과 함께 충격을 받았다. 그래서 "세상을 떠나시는 어머님께 드릴 마지막 선물을 상의하시는 선생님의 마음에 제가 먼저 경의를 표합니다." 하고 이야기를 시작했다. 그러나 어찌 그 이야기를 5분 안에 끝낼 수 있었겠는가!

　"사람은 누구나 어머니 뱃속에서 10개월 평온히 숨 쉬다가 이세상에 나옵니다. 세상에 태어나는 순간, 어머님 뱃속과는 하나의 이별이 될 것입니다. 그 이별이 서러워 울면서 태어나는지도모릅니다. 그러나 이 세상 편에서 보면 그 이별은 참으로 많은사람이 애타게 기다려온 기쁜 탄생의 시작이 됩니다.

　그처럼 이 세상에서의 삶은, 또 하나의 어머니 품속과 마찬가지입니다. 이 세상을 떠날 때에도 우리는 그 이별이 서러워 울겠지만, 그러나 영원한 저 세상에서 보면 그것은 참으로 기쁜또 하나의 새로운 삶이 시작되는 것입니다.

　이것이 바로 신앙 안에서의 삶이며 구원입니다." 그는 진지하게 받아들이는 모습이었다.

"선생님 말씀대로 세상을 떠나는 어머님께 해드릴 수 있는 것은 아무것도 없습니다. 그러나 어머님은 이미 저 세상을 향한 문 앞에 와계십니다. 그 문 앞에 서 계신 어머님께 그 영원한 삶을 잃어버리지 않도록 선생님께서 징검다리를 놓아드린다면 그보다 더 큰 선물, 그보다 더 큰 효도가 있겠습니까?"

조용히 음미하던 그의 얼굴에 차츰 밝은 빛이 드는 듯했다. 그리고는 "신부님, 저는 수십 년간 학생들을 가르쳐왔지만 삶에 대해 한 번도 그렇게 생각해본 적이 없습니다. 오늘 참으로 귀한 선물을 받아갑니다. 이처럼 소중한 선물을 받은 징표로, 무언가를 사고 싶은데 그런 것을 구할 수 있겠습니까?"하고 묻는 것이었다.

마침 주머니 안에 예쁜 묵주가 하나 있어 그것을 드렸다. 그러자 그분은 사양하면서 파는 곳을 알려달라 했다.

"선생님께서 사가시는 것과 제가 드리는 것은 의미가 다르지 않습니까? 이것을 가져가시지요. 그리고 어머님께 우리가 나눈 이야기를 그대로 들려드리십시오.

그리고 조치원에도 성당이 하나 있습니다. 신부님이나 수녀님을 모셔다가 어머님께 대세를 베풀도록 하시지요. 어머님이 대세를 받으시거든 이 묵주를 목에 걸어드리십시오."하고 권

해드렸다. 깊이 감사하다는 말을 남기고 그분이 떠났다.

　며칠 후 편지 하나를 받았다. 봉투를 뜯어보니 바로 그 선생님에게서 온 부고였다. 초로 덧입혀진 원지 위에 뾰족한 송곳펜으로 글자를 파서 프린트 한 투박한 글체였다.

　그 부고 용지 상단에 볼펜으로 눌러 쓴 그의 글씨가 두 줄로 이렇게 쓰여 있었다. '일전에 찾아뵙고 마지막 선물을 받은 사람입니다. 고인이 그 선물을 기꺼이 받으시고 평온히 눈 감으셨습니다. 대단히 감사합니다.'

점심에 찾아온 손님2

김영교 신부

그다음 주일, 오후 미사를 마치고 나오는데 누군가가 급한 걸음으로 다가와 인사했다. 그 선생님이었다. 앞가슴에 상장을 달고 있는 것으로 보아 어머니 장례를 모시고 오는 길임을 알 수 있었다. 표정이 밝고 여유로워 의아해하는 나에게 그는 이렇게 말했다.

"신부님, 저는 지금 크게 슬프거나 괴롭지 않습니다. 어머니의 평온한 임종 모습에서 죽은 게 아니라 분명히 행복한 천국으로 돌아가신 것을 느낄 수 있었기 때문입니다.

간경화증이란 사실을 이미 알고 있던 어머니는 저만 나타나면 죽음의 공포에 질려 제 손을 잡고 부들부들 떨면서 어떻게든 자기를 살려내라고 몸부림하곤 했습니다.

　제가 어머니를 위하여 안 가본 병원이 없고 찾지 않은 약국이 없었는데도, 그런 것은 조금도 생각하지 않으시고 살려내라고만 하는 어머니가 원망스럽기도 했습니다. 제가 신이 아닌 이상 어떻게 어머니를 살려낼 수 있겠습니까? 그런 저 자신이 늘 괴롭고 비참하기만 했습니다. 그 때문에 더욱 어머니를 자주 찾아뵙지 못한 불효를 저지르기도 했습니다.

　그렇지만 신부님을 찾아뵙고 어머니께 모든 말씀을 드렸을 때, 어머니는 참으로 기쁘게 받아들이며 대세를 받으셨습니다.

　임종 며칠 전에는 오히려 제 손을 꼭 잡으면서, '애야, 네가 내가 낳은 아들이냐? 네가 나를 천당에 보내주는구나. 이렇게 고마울 데가 있느냐?' 하며 감사의 인사를 하는 것이었습니다.

　묵주를 손에 꼭 쥐고 조용히 기도하며 주무시듯 숨을 거두는 어머니는 '살려내라!'고 몸부림하시며 원망하던 어머니와는 전혀 다른 분이었습니다."

　선생님을 세상에 낳아준 분은 물론 어머님이었다. 그러나 그 어머님을 천국에 새롭게 태어나도록 산파역을 하신 분은 다름 아닌 그 아들이었으니 참으로 은혜롭고 신비스러운 일이었다.

그분 역시 그런 어머님의 변화에 감동되어 돌아가시기 전까지 나와 만난 자초지종을 자세히 여러 번 반복하여 말씀드렸단다. 어머님은 엷게 웃으며 "참으로 고마운 일이구나. 내가 찾아가 고맙다는 인사를 드려야겠지만, 이제 나는 천당에 가야 하지 않느냐?

그러니 내 장례를 지내고 나면 집에 가서 닭을 잘 지키고 있다가 알을 낳거든 달걀 한 줄을 정성껏 싸서 그 김 신부님께 갖다 드리고 나 대신 고맙다는 인사를 해다오." 하셨다는 것이다. 그리고는 더 이상의 말씀을 못하셨으니 그것이 바로 어머님의 유언이 된 셈이었다.

그 유언을 지키기 위해 달걀을 한 줄 준비했지만 그냥 빈손으로 왔다며 이렇게 말했다. "신부님, 저는 오히려 어머니의 유언에 일부러 빚을 지기 위해 그냥 왔습니다. 저는 아직 하느님과 천국에 대하여 아무것도 모르면서, 어머니께는 그 길을 가도록 주선해 드렸습니다.

하지만 저 자신은 정작 그 길을 알지 못해 어머니를 따라가지 못한다면, 달걀 한 줄 가져다 드리는 것으로 유언을 제대로 따르는 것이 되겠습니까? 이제부터 저는 어머니께서 가신 그 길을 따라가는 것으로 어머니의 유언을 따르려 합니다. 신부님, 그런 길이 있겠지요?"

나는 "참 좋은 결심을 하셨습니다. 화요일과 목요일 저녁에 교리강의가 있으니 참석하시지요." 하고 권유해 드렸다. 기쁜 모습으로 돌아가는 그분의 모습이 빛나 보였다.

그는 참으로 열심히 교리를 들었다. 수첩에 일일이 적어가며 한 마디도 놓치지 않으려는 듯 열성을 보였다.

그렇게 몇 주간이 지났는데 그가 도저히 다니기 힘들다는 것이 아닌가. 이유를 듣고 서로 어이없는 웃음을 터뜨려야 했다. 내게도, 그분에게도 참 어리석고 미련한 구석이 있었다.

나는 그의 집이 당연히 대전인 줄 알고 교리반에 나오라 한 것인데, 그분은 근무처인 천안에서 일부러 대전까지 교리공부를 하러 다닌 것이었다.

퇴근 후 교리 시간에 맞추어 오는 것은 가능하지만, 교리가 끝나고 돌아갈 길이 막막하다고 했다. 버스도 기차도 다 끊겨 대전역에 가서 사정하여 화물열차를 타고 천안까지 가게 되는데, 화물열차는 도대체 시간을 지키지 않아 어떤 때는 새벽 4시에 도착하기도 한다고 했다. 그때는 고속도로도 없을 때였다.

그래서 천안에도 성당이 있으니 그곳에서 교리공부를 하라고 알려 드렸다. 그런데 자신이 근무하는 학교는 너무 시골이라 천안 성당에 나가는 것 역시 어렵다고 해서 통신교리를 주선해줄 수밖에 없었다. 통신교리를 제대로 마치려면 6개월은 걸리지만, 그는 3개월 만에 수료증을 받아와 당장 세례를 받게 해달라고 했다.

자신은 모든 것을 다 믿고 받아들일 뿐 아니라 교리시험도 100점을 받았다면서 하루빨리 세례를 받고 싶다고 했다. 수료증 안에 있는 추천서에도 그런 말들이 적혀 있었다.

하지만 혼자 따로 세례를 받도록 하기가 곤란하여 오히려 달래면서 미루어야 했다. 실망스러운 모습으로 풀죽어 돌아서는 그 뒷모습이 참 짠하게 느껴졌다.

대신 훌륭한 분을 대부로 모시도록 해야겠다는 생각이 들어 매일 미사를 빠지지 않을 만큼 신심이 깊은 김병우 베네딕토 교수를 대부로 추천해드렸다. 두 분은 서로 기뻐하면서 세례 전부터 대부, 대자의 진한 영적 관계를 돈독하게 쌓아갔다.

그해 성모승천 축일을 맞아 세례식이 있었고, 그분은 바오로라는 세례명을 받게 되었다. 그분은 세례식 내내 가벼운 흥분을 감추지 못하면서 어린애처럼 기뻐했다.

성당에 다니지 않는 부인과 아이들이 모두 나와 온 가족의 영적 잔치를 벌이는 것 같았다. 참으로 아름다운 세례식이었다. 그리고 얼마 후, 나는 다른 곳으로 발령을 받아 대전을 떠나야 했다.

1년쯤 후, 로마로 유학을 떠날 수속을 하러 대전에 들렀다가 길에서 우연히 김병우 교수를 만났다. 저녁 식사를 함께하면서 대자인 최 바오로 선생의 안부를 물었다. 그러자 그분이 "기분 나빠 대부 노릇 못하겠다."고 해 깜짝 놀랐다.

왜 그러시냐, 그분이 냉담이라도 했느냐고 묻자 그분은 "생각해보십시오. 대자면 대자답게 좀 모르는 게 많든지, 덜 열심히 하든지, 가끔 미사를 빠지든지 해야 꾸중이라도 하는 재미로 대부 노릇을 하는 법인데 모든 면에서 저보다 앞섭니다.

교리도 더 많이 알고, 더 열심인데다 영적으로 저보다 훨씬 앞서는 것 같아 실은 신앙적으로 시기심이 일 정도입니다. 그러니 무슨 맛으로 대부 노릇을 할 수 있겠습니까?" 하고 웃으셨다. '그 대부에 그 대자'라는 느낌이 들었다.

점심에 찾아온 손님3

김영교 신부

　로마에서 공부하는 동안에도 최 바오로 선생은 가끔 편지를
보내 반가운 소식들을 전해주었다. 몇 겹으로 접는 항공엽서를
가득 채우고도 모자라 때로는 그 안에 얇은 백지를 끼워 빽빽하
게 글을 써 보내곤 했다.

　그는 신앙에 유익한 교육을 빠짐없이 받는 것 같았다. 꾸르실
료, 성령세미나, 공동체 묵상회, 부부 주말교육을 이수하면서
느낀 점들을 신앙고백처럼 자세히 전해왔다. 그때마다 그의 눈
부신 신앙적 발전에 감탄과 부러움이 일었다.

　나중에 안 일이지만 그는 어느 시골분교의 교감 선생님이었

다. 어느 날의 편지에는 이런 내용이 적혀있었다.

"사람들은 저보고 전기도 들어오지 않는 벽지 학교에서 5년 동안이나 도시로 나가지 못하는 바보 교감이라고 놀려대지만, 저는 이곳이 너무 좋습니다.

제 권유로 동료 교사 두 분이 영세를 받게 되었고, 제가 그분들의 대부를 서게 되었단 말입니다. 그리고 제 하숙방에서 논둑길을 따라 20리를 걸어가면 나오는 마을에서 제가 화요일과 목요일 저녁에 교리를 가르칩니다.

마을 사랑방에 아저씨 아주머니들이 가득 차 제 말에 귀 기울이는 것을 보면서 하느님의 말씀이 저를 통하여 그분들의 가슴에 심어지고 있다는 생각에 저 스스로도 감동이 됩니다.

지난달에는 그곳이 생긴 이래 처음으로 본당신부를 모셔다가 미사를 봉헌하고 공소를 개설했는데 열일곱 명의 새 영세자가 탄생했습니다. 그날 저는 춤이라도 추고 싶을 만큼 기뻤습니다. 이처럼 좋은 일자리가 제 앞에 있는데 제가 이곳을 떠나 어디를 가겠습니까?"

그의 열정과 신심에 깊이 머리가 숙여지는 대목이었다. 마침 로마 교황청 뒷골목에 가면 싼값으로 살 수 있는 성화상점이 있어 잔뜩 사서 보내드렸다. 그가 그것을 받고 얼마나 기뻐하고 자랑하며 사람들에게 나누어줄까를 상상하면서.

그런데 그 편지를 마지막으로 그와의 연락은 끊겼다. 그러던 어느 날, 그의 아들로부터 편지를 받았다. 예감이 이상하여 열어보니 그가 세상을 떠났다는 내용이었다.

"아버지께서 얼마 전 하느님 나라에 가셨습니다. 맡은 일을 세심히 챙기느라 무리하여 병을 얻은 듯합니다. 세상을 떠난 아버지를 생각하면 한없이 슬프고 괴롭습니다.

그렇지만 아버지의 장례미사 때에 우리 성당이 생긴 이래 최고로 많은 분들이 찾아오셔서 아버지를 위해 기도해주시는 것을 보고 큰 위로를 받았습니다."

그 편지를 받고 나는 큰 슬픔을 맛보아야 했다. 그만큼 그분은 내게 큰 자리를 차지하고 있었다. 공부를 마치고 귀국했는데 열심히 평신도활동을 하는 분들 중에 그분을 모르는 사람이 없었다. 모두 그에 대한 아름다운 추억을 간직하고 있었다.

그의 장례식에서 누군가가 "하느님께서 우리 바오로 형제를 왜 이처럼 빨리 불러가시는지 참으로 슬프고 원망스럽기까지 합니다.

그렇지만 하느님의 깊은 섭리를 우리가 깨닫지 못하는 법, 어쩌면 하늘나라에서 큰 평신도 단체를 만들면서 그 회장감이 없어 우리 바오로 형제를 급히 불러가신 것이 아니겠습니까?" 하면서 울음을 터뜨렸다는 얘기를 들었다. 정말 그랬을 것만 같다.

몇 년이 지나 어떤 사람이 꼭 내게 주례를 부탁하고 싶다며 청해왔다. 알고 보니 그의 맏아들이었다. 그 아들의 혼인미사에는 많은 일가친척들이 찾아와 자리를 메우고 있었다.

신자가 아닌 분들이 대부분이라 성당 안이 좀 어수선했다. 의 젓한 모습으로 앉아있는 신랑의 얼굴은 흠칫 놀랄 만큼 그 아버지를 쏙 빼닮았다. 강론시간에 만감이 교차해 자연스레 그 아버지에 대한 이야기를 꺼냈다. 웅성이던 성당 안이 갑자기 물을 끼얹은 듯 조용해졌다. 누구 하나 고개조차 함부로 움직이지 못할 만큼 엄숙했다.

바로 그때 제단 앞에서 '흑' 하는 울음소리가 들려왔다. 신랑 신부가 참았던 울음을 터뜨리고 있었다. 신랑은 아예 입을 벌린 채 울고 있었고, 신부 역시 소리 내어 흐느끼고 있었다.

신랑이야 아버지의 이야기니 눈시울이 뜨거워질 것은 예감했지만, 시아버지 얼굴을 한 번도 보지 못한 신부조차 서럽게 울고 있었다. 신부의 눈화장이 지워지면서 고운 얼굴에 검은 줄이 생겨나고 있었다.

그렇게 가장 기쁘고 유쾌해야 할 혼인미사가 마치 장례미사처럼 울음바다가 되고 말았다.

　지금도 그 신랑 신부에게 미안한 마음을 떨쳐버릴 수가 없다. 그러나 그들 모두에게 아버지에 대한 추억과 그 '마지막 선물'에 대한 의미는 삶 안에 깊이 배어있으리라 믿는다.

가난했지만 온 집안 식구의 사랑을 받았던 어린 시절이 참 행복했다는 **김영교** 신부는 6·25 때 부모님을 잃고 그 행복이 잠시 끊기는 듯하다가 열두 살에 소신학교에 입학하며 더 큰 행복을 찾게 되는 삶의 전환점을 맞는다. 어릴 때 마을에 새로 오신 신부님께 큰절을 드렸는데, 신부님이 나중에 신학교에 갈 마음이 없느냐고 물어보신 것이 성소의 계기가 되었다. 평범한 사제로서 죽을 때까지 감사하며 평온한 행복을 만들어가는 것이 남은 과제라고 생각한다.

수녀님이 야속했다

노숙자가 된 유학생

이정모 서대문자연사박물관장

그날은 무척 덥고 배가 고팠다. "보 칸 이히 에트바스 에센? 어디서 뭐 좀 먹을 수 있을까요?" 수더분하게 생기신 아주머니가 다가오기에 이렇게 물었다.

"학생식당이 어디입니까?"라고 묻고 싶었지만, 무작정 독일에 온 지 채 한 달도 되지 않은지라 학생식당을 뜻하는 '멘자 Mensa'라는 라틴어 단어를 알 리가 없었다.

그 아주머니는 내 행색을 훑어보더니 시계를 한 번 보고 나서 "휴~ 나를 따라오세요." 하고는 앞장서서 걸었다.

학생식당은 근처에 있을 것 같은데, 아주머니는 나를 데리고 자꾸만 걸었다. "멀어요?" "조금만 가면 돼요." 전철 정거장 두 개를 꼬박 걸었다. 이마와 등줄기에서 땀이 줄줄 흘렀다. 뭔가 잘못되고 있다고 생각했지만 말을 제대로 할 자신이 없으니 무작정 따라 걸을 수밖에.

마침내 넓은 잔디밭이 나왔고 커다란 너도밤나무 아래에 기다란 식탁이 펼쳐져 있었다. 어떤 할머니가 내게 걸쭉한 고기죽이 담긴 그릇을 주었다.

주변에는 아침에 마약 주사를 한 대 맞았을 것 같은 부랑인들이 늘어앉아서 뭐가 즐거운지 떠들면서 식사를 하고 있었다. 나는 어색함을 누르고 조용히 우물우물 먹기만 했다. 큼직큼직하게 썬 야채와 고기가 잔뜩 들어 있는 죽은 아주 맛있었다.

식사를 마치자 할머니가 내 손에 30마르크약 1만 5천 원를 쥐여 주면서 이걸로 잘 곳을 찾아보라고 했다. 그리고 내일도 '꼭' 오라고 했다. 나는 노숙자를 위한 무료급식소에서 따뜻한 점심과 하루 숙박비를 받은 것이다.

겉으로는 웃었지만 속으로는 당혹스러웠다. '내 독일어가 이것밖에 안 되는구나. 앞으로 어떻게 공부를 할꼬?'

고픈 배를 채우기에 바쁜 나는 아주머니를 까마득하게 잊고 있었다. 그런데 아주머니는 여전히 나무 아래 서 계신 게 아닌

가. 나는 얼굴표정으로 '아니, 아직도 계셨어요?' 하고 물었다.
"내가 당신을 만난 곳으로 다시 데려다 줄게요. 그러면 내일부
터는 혼자서 여기에 찾아올 수 있을 거예요. 그리고 잘 못 찾겠
으면 '카-리-타-스'에 가고 싶다고 말하세요."

　아주머니는 빨간 글씨로 쓰인 간판을 가리키며 아주 천천히
그리고 또박또박 '카-리-타-스'를 말했고 나도 천천히 '카-
리-타-스'를 따라서 읽었다.

　돌아갈 때는 전철을 타고 싶다고 말하고 싶었지만, 전철 비까
지 달라는 것으로 오해할 것 같아서 그 더운 날 다시 두 정거장
을 거꾸로 걸었다. 덩치가 꽤 있었던 그 아주머니도 보통 힘든
일이 아니었을 것이다.

　처음 만났던 바로 그곳까지 나를 데려다 준 아주머니는 나를
꼭 껴안으며 말했다. "당신은 아직 젊어요." 그리고 뭔가 위로
의 말을 더 한 것 같은데 나는 도통 알아듣지 못했다.

　다음 날 제대로 찾아간 멘자는 아주머니와 만난 곳에서 불과
스무 걸음도 떨어지지 않은 곳에 있었다. 그런데 멘자보다는 노
숙자 무료급식소의 점심이 훨씬 더 맛있었던 것 같았다. 그리고
그 아주머니의 친절이 더욱 따뜻하게 느껴졌다.

　보통 친절한 사람이라면 배고픈 아시아 젊은이에게 그냥 몇

푼 집어주고는 식당에서 사 먹으라고 했을 것이다. 그런데 그 아주머니는 나에게 지속적인 도움이 필요하다고 생각해서 나를 노숙자를 위한 무료급식소에 데려다 주었고, 전철을 타고 가면 다음날 찾기 어려울 것 같으니까 그 더운 날 먼 거리를 걸어갔다가 다시 걸어온 것이다. 시계를 본 것으로 보아 뭔가 할 일이 있었던 것 같았는데.

그 아주머니를 꼭 다시 찾아 고마움을 독일어로 제대로 전하고 싶었는데 인구 25만 명밖에 되지 않은 그 작은 도시에서 10년을 살면서도 그 아주머니는 영영 만나지 못했다.

그 후 12년이 지난 2004년 여름, 그때 공부하던 독일 본Bonn으로 출장을 갔다. 전철 역 앞의 주차장에서 공항까지 운행하는 버스를 기다리는데, 방학을 맞아 한국에 다니러 가는 듯한 여학생 두 명이 앉아서 이런저런 이야기를 하고 있었다.

벤치 너머로 햇살 좋은 푸른 잔디밭이 펼쳐져 있고, 군데군데 너도밤나무가 넓은 그늘을 만들고 있었다. 천주교회에서 운영하는 카리타스 무료급식소에는 그날도 많은 사람들이 즐겁게 식사를 하고 있었다.

그 중 한 학생이 친구에게 물었다.

"야, 카리타스Caritas가 무슨 뜻이니?"

"응, 사랑이라는 뜻이래. 라틴어라던데."

"옛날에 어떤 선배가 말을 제대로 못 해서 저기서 밥도 얻어 먹고 돈도 받아갔다던데?"

"나도 그 얘기 여러 번 들었어. 그 선배는 얼마나 쪽팔렸을까?" 옆에 있던 나는 웃으면서 말했다.

"아뇨. 아마 행복했을 걸요. 친절을 제대로 맛보았으니까요."

"에이, 노숙자 취급받는 게 어떻게 행복해요?"

나는 속으로 말했다.

'너희도 그런 일을 당해봐라. 얼마나 행복한지.'

*고향 여천의 붉게 타는 바다에서 헤엄쳤던 어린 시절이 가장 행복했다는 **이정모**는 그 바닷가에서 보았던 낙조가 당연한 것인 줄 알았다. 유학 시절 과학잡지에 실린 퀴즈의 답을 추적하다가 〈달력과 권력〉이라는 과학책까지 출판하게 되었고 그것이 계기가 되어 지금은 자연사박물관 관장으로 일하고 있다.*
고2 때 중3이던 교회 여학생이 친하고 싶다는 편지를 주어 친하게 지내다 결혼까지 했다. 그래서 인생의 중요한 일은 '선택하는' 것이 아니라 '선택되는' 것이라 믿는다. 아프리카 마다가스카르를 탐험하면서 인간의 손길이 미치지 않은 자연 속에서 동식물과 교감하며 지내는 꿈을 갖게 되었다.

요주의 신부와 형사

김인국 빈첸시오회 회장

민주화를 열망하는 운동권의 민감한 움직임으로 어수선했던 1985년 여름, 경찰서 정보과 학원반에 근무했던 나는 상사의 지시에 따라 종교반으로 옮겼다.

시민단체와 운동권 학생들을 배후에서 총지휘하고 있는 정의 구현사제단소속 창원 양곡 성당 김영식 알로이시오 신부와 반송 성당 배진구 베드로 신부의 철저한 동향파악이 임무였는데, 특히 김 신부는 1대1 감시가 요망되는 요주의 인물이었다.

어머니가 다니는 절도, 주일학교 교사인 아내가 다니는 교회도 아닌 생소한 성당이라 답답한 마음에 우선 반송 성당 주변을 기웃거려보았다. 난생처음 성당 안으로 들어가 보았는데 반겨주는 사람 하나 없기에 주보를 한 장 읽어보니 첩보보고서를 작성할 수 있는 모임이 하나 눈에 띄었다.

'신자 중 두 명이 꾸르실료 교육에 가는데 환송자까지 여러 명이라 예의주시하겠다.'고 보고하니, 배 신부에 대한 추가보고가 필요하다며 참석 여부를 확인해달라고 했다. 지금 생각하면 웃음이 절로 나는 일이었다.

전국의 수배자들이 양곡 성당에서 자주 모임을 갖고 김 신부가 성당을 은신처로 제공한다 하여 확인도 하고 신부 얼굴도 알 겸 공식적인 방문을 하게 되었다.

사제관을 방문하여 "신부님, 인사드리러 왔습니다." 하니 "예, 인사합시다." 그러고는 "당신들이 있을 곳이 아니니 인사 했으면 돌아가요." 하는 것이었다. 황당한 첫 만남을 치르고 밖으로 나오니 무너진 자존심에 내뱉은 첫말은 "언젠가는 내 손으로 잡아넣고 말겠다."였다.

어느 날 신상 조사파일을 들춰보다가 갑자기 자신감이 생겼다. 김 신부와 나는 초등학교와 중학교의 선후배…. 호랑이의 꼬리는 잡은 셈인 것이다.

며칠 후 의기양양 양곡 성당으로 향했다. 무식하면 용감해진다고 "신부님, 반갑습니다. 선배님인 줄 모르고 지난번엔 실례가 많았습니다." 하니, 신부님은 "그래요, 그런데 그게 무슨 의미가 있나요?" 물었다.

나는 "신부님과 대화는 할 수 있지 않습니까?" 했더니 사제관으로 들이셔서 잠시 학교 얘기를 나눴다. 나는 신부를 검거나 한 것처럼 하늘을 날고 싶은 기분이었다.

이후 데모현장이나 집회장소 등에서 만나게 되면 눈인사 정도는 교환할 수 있었는데 어느 날 신부님의 전화를 받게 되었다. "김 형사, 우리 애들 중에 연행된 친구가 한 명 있는데, 행방이 묘연하니 어디에 있는지 알아봐 줄 수 있어요?" "예, 아버지가 경찰국 정보과장이니 연락해서 알아봐 드리겠습니다."

문제신부와 정보형사 사이에 전화연락 정도는 할 수 있는 관계가 이루어지고 있었다. 그러나 최루탄 냄새가 매캐한 집회나 단식투쟁의 현장에서 만나는 횟수가 잦아지면서 신부님에 대한 실정법상의 죄목은 쌓여만 갔다.

어느 날, 성당 주변에 내가 잠복 중인 것을 발견한 신부님은 웃으시며 안으로 들어와 차라도 한잔 마시자면서 "정국을 이렇게 만든 공권력과 사제인 나와 누가 더 문제인지 생각해본 적이 있느냐."고 물으시는데 서로의 입장 차이만 확인할 뿐이었다.

그러나 마산 시내를 행진하는 사제단, 수도자, 평신도의 질서 정연한 시위행렬을 지켜본 후부터는 주사파, 해방신학의 신봉자라는 것은 의미 없는 그분의 꼬리표일 뿐 민주화를 위해 모든 것을 희생하는 분이라는 생각에 연민의 정을 가지게 되었다.

정작 신앙으로 향한 만남은 선친이 신부님과 시국에 관련된 대화를 나누고 나서 시작되었다. 부친은 민주화를 향한 일관된 신념과 의식이 확고한 신부라며 우리 집도 신부님 만난 걸 계기로 종교통일을 하자고 하셨다.

"어멈 생각은 어떠하냐?" 하시는데 장손의 아내가 교회에 너무 심취하면 제사문제로 가족 간의 불화가 될까 고심하신 후 나온 고육책인 것을 아는 아내는 반응이 없었다.

나는 나대로 신부님과 가까워져야 첩보활동이 편해지고 진급도 가능하다며 아내를 설득하고, 아내는 아내대로 같이 부흥회에 참석하여 영혼치유부터 받으라면서 서로가 팽팽히 맞서고만 있었다.

어느 날 우연히 김 신부님과의 자리에 합석한 아내는 "하느님은 어디에 계십니까?" 하고 물으니 신부님은 가슴을 치며 "내 가슴속에 있고 우리들 마음에 있는데 어디 있는지 왜 찾으려고 해." 하셨다. 그 후 가족 중 처음으로 어머니가 '안나'라는 예쁜 세례명을 갖게 되었고, 1년 후 나는 아버지, 아내와 함께 문제 신부라는 배 신부님이 계시는 반송 성당을 찾아가 예비자등록을 하고 교리를 배우게 되었다.

1987년, 6·29선언 직전의 시국은 한 치 앞을 알 수 없이 혼미하여 어지럽기만 했다. 데모진압현장에 있다가 예비자교리 시간에 맞추어 헐레벌떡 교리실로 들어가면 최루탄 냄새에 모두들 코를 감싸 쥐고, 신부님은 출석으로 해줄 테니 나가 있으라고 해서 찬밥신세가 되기도 하였다.

마침내 나는 성모승천 대축일에 "아버지와 마누라 덕에 신자가 되는 줄 알라."는 소리를 들으며 '요셉'으로 다시 태어나게 되었고, 이듬해 자식들도 모두 영세를 했다.

영세 후 부모님과 아내는 천주교의 매력 속에 푹 빠져들고 있었으나 나에게 성당은 여전히 수배자, 운동권 학생, 노동현장 위장취업자들의 동향파악을 위해서만 찾아가는 곳일 뿐 미사예절도 모르고 본명인 요셉이 누구인지도 관심 없는 신자였다.

퇴직 후에도 냉담을 지속하던 중, 간암으로 2개월 시한부 선고를 받은 부친이 마지막을 준비하시는 과정을 지켜보며 신앙심이 인간을 얼마나 강하게 만드는지를 느끼게 되었다.

이후 성당 '레지오 마리에'에 가입하여 하느님께로 조심스럽게 다가가다가, 현재 본당에서는 봉사단체인 '빈첸시오 아 바오로회' 활동을 하게 되었다. 처음 대상자를 만날 때는 가까이 다가가기도 어려웠고 손을 잡을 수도 없었지만 고생하는 회원들과 함께하는 시간이 늘어갈수록 이제는 그분들의 삶이 우리에게 주어진 가시이며 예수님의 삶이란 믿음이 간다.

어느새 할아버지가 되어 손자들이 고사리 같은 두 손을 모아 "아멘" 하면 그것이 그저 기특하고 즐겁기만 한 삶을 살면서, 작은 밀알로 시작된 신앙이 이제 온 가족 모두 신앙 안에서 살 수 있도록 이끌어주신 김 신부님께 감사드린다.

집시법 위반으로 연행된 신부님을 검사실로 호송해야 했던 아픈 기억도 있지만, 체포영장이 떨어졌으니 피하라고 연락하면 "네가 직접 와서 연행하라."고 마음을 비우시던 신부님과의 만남은 바로 내 신앙의 뿌리다.

이제는 내 마음속의 하느님보다 소외되고 어려운 이웃에게서 하느님의 현존을 체험하고 만나는 빈첸시안으로 살고 싶다.

중국과 일본의 가톨릭성지와 교회를 여행하며 동양 3국의 가톨릭역사를 공부해왔다. 그러다 홀로 유럽 배낭여행을 다니는 어느 신부의 권유로 중동과 유럽으로 여행의 영역을 넓힌 **김인국**은 빈첸시오 아 바오로회 발생지인 충주지역에 무료급식시설 '빈첸시오의 집'을 개관했다.
본당 빈첸시오회 전임회장이 해외로 이주하는 바람에 등 떠밀려 회장을 맡게 되었지만 지금 가장 보람을 느끼고 자랑하고 싶은 일은 빈첸시오 활동이다.

막판 뒤집기

김승주 신부, 꽃동네대학교 교목실장

아버지의 장례식. 수녀님의 얼굴은 평온해 보였다. 수녀원에 가겠다는 딸의 뺨을 후려친 아버지는 입회 날 부모 자식 간 의절을 선언했고 10년을 간절히 기도했지만 끝내 종신서원식에도 오지 않으셨다.

"어미와 아비 집을 떠나와 당신으로 길들여진 나날들. 그들의 두 손을 잡아주시고 축복하여 주소서." 성가대의 화답송에 수녀님의 눈물은 멈추질 않았다. 수녀님은 휴가 때도 친척 언니 집에 머물며 집 근처에는 가지도 못했다.

그토록 바라던 아버지와의 재회가 국화꽃 속에 묻힌 영정사진 앞에서 이루어진다는 것이 빈소를 찾은 우리의 마음을 아프게 했다. 하지만 놀랍게도 수녀님은 무언가 큰일을 이룬 듯 활짝 핀 얼굴이었다.

임종 하루 전, 수녀님의 사정을 아는 장상들은 아버지 가시는 길을 지키라 명하였다. 폐에서 생겨난 암세포가 온몸으로 퍼져 마지막 숨을 몰아쉬는 아버지 앞에 20여 년 전 집 떠난 자식이 서 있었다.

하나밖에 없는 딸. 너무도 야속한 마음에 담쌓고 살았다지만 어찌 눈에 밟히지 않았으랴. 참으로 오랜 시간 그토록 불러 보고 싶었던 "아⋯빠⋯." 20년이 지나 주름 생긴 얼굴을 가슴에 묻고 엉엉 울었다.

"미⋯안⋯해⋯. 내가 널 너무 좋아해서 그랬어⋯." "미안해 아빠, 내가 미안해요⋯." 이 뜨거운 부녀의 사랑 고백에 죽음도 잠시 멈춰 섰다. 수녀님은 용기를 내어 세례를 권했고 아버지는 온 힘을 다해 고개를 끄덕였다.

"성부와 성자와 성령의 이름으로 이냐시오에게 세례를 줍니다." 몇 시간 후 아버지는 딸의 성가 소리를 들으며 하늘나라에 오르셨고 그날은 이냐시오 성인의 축일이었다.

대세를 받고 돌아가신 영혼. 우리는 이런 경우를 '직 천당'이라 부른다. 평생 어떤 잘못을 얼마나 많이 하고 살았건 조건 없이 천국에 갈 수 있는 이 상황은 그야말로 '막판 뒤집기'가 아니고 무엇이겠는가. 그것도 의절하며 살아온 딸의 손으로, 그 의절의 이유가 된 하느님의 품으로.

아버지는 딸에게 세상의 생명을 주었지만, 딸은 아버지에게 영원한 생명을 선물하는 도구가 되었다. 수녀님 얼굴의 평온과 기쁨은 너무도 당연한 것이었다.

"그 날과 그 시간은 아무도 모른다. 하늘의 천사들도 아들도 모르고 아버지만 아신다.마르13,32" 아버지만 알고 계시기에 지금 당장 우리는 아버지께 의지해야 하는 것이다.

교수인 아버지는 방학만 되면 학생들과 함께 '꽃동네'에 가서 봉사했다. 중1 때 한 달 만에 꽃동네에서 한밤중에 돌아오신 아버지는 신발도 벗지 않은 채 "우리 꽃동네 가서 살면 안 될까?" 하셨다. 이틀 후 세 가족은 꽃동네로 가 '아주 살게' 되었고 그때부터 평생 봉사를 시작한 부모님과 함께 꽃동네에 드나들게 되었다. 그러다 보니 무녀독남 외동아들이라 할아버지가 가문의 기둥을 이으라고 이을 승承에 기둥 주柱자로 이름을 지었는데 가족들의 그 '기둥뿌리를 뽑고' 수도자가 되었다. 꽃동네대학교 교목 신부이자 사회복지학부 교수인 **김승주** 신부는 늘 "사랑은 모든 것을 하나로 묶어 완전하게 한다.콜로 3,14"는 믿음으로 학생들을 가르치고 있다.

책가방 들고 명동성당으로

박병선 역사학자

어릴 적 나는 서울 명동 계성학교 바로 옆에 살았다. 수업이 시작되면 "성모님 노래 부르자." 하는 고운 목소리와 함께 노래가 들렸다. 수업이 끝날 때도 또 노래를 불러서 똑같은 노래를 아주 귀가 따갑게 들었다. 그 덕분에 나도 덩달아서 흥얼흥얼 따라 하게 되었다.

중학교에 다니던 어느 날, 가정 선생님이 계성소학교에 옛날 동창이 있다면서 나보고 편지를 전해달라고 했다. 일본에서 공부하고 오신 최 로베르따 수녀님이라고 했다. '아휴, 생전 안 가 본 수녀들 있는 곳을 내가 어떻게 가나!'

처음에는 좀 겁이 났지만 주춤주춤 학교를 찾아갔다. 그런데 최 수녀님이 너무도 따뜻하게 맞아주셨다.

"어디서 사니?" "바로 옆에 살아요." "아, 그럼 자주 놀러 와." 주일이나 토요일은 아이들도 없고 직원들만 남아서 일하니까 놀러 와도 된다고 하셨다.

며칠 뒤 용기를 내서 수녀님한테 놀러 갔다. 어느 날 수녀님께 다짜고짜 "가톨릭이라는 게 뭐예요?" 물었다. 조그만 계집애 입에서 갑자기 가톨릭이라는 소리가 나오니 수녀님도 순간 멍해지셨다. 좀 머뭇거리다 다시 물었다. "아니 뭐, 예수교도 많고 뭣도 많은데 가톨릭은 뭐고 천주교라는 건 또 뭐예요?"

수녀님은 한참을 가만히 계시더니 "가톨릭이나 예수교나 똑같이 주님을 모시는 건데, 루터가 개혁을 해서 개신교가 생겼고 가톨릭은 그대로 옛날 것을 지내오는 것이란다." 이렇게 말씀하셨다. 그렇게 우연히 만난 최 수녀님한테 조금씩 설명을 들으면서 가톨릭을 알게 되었고, 내 나이 열다섯에 루갈다로 세례를 받았다.

세례 뒤에는 남들이 지나치다고 할 정도로 열다섯 소녀의 순수한 열정을 온통 신앙에 다 쏟았다. 엄동설한 깜깜한 새벽에도 명동성당의 그 많은 계단을 기어 올라가다시피 하면서 날마다

6시 새벽 미사에 참례하였고, 학교가 끝나면 책가방 든 채로 성체조배하러 갔다.

　그 무렵 명동성당에서 종 치고, 미사 끝에 문 닫고 하는 '고서방'이라는 아저씨가 있었다. 우리 집 바로 옆에 살았는데 내가 한쪽 구석에서 맨날 성체조배하고 있으니까, 저녁때 종각에 올라가 삼종을 치고 내려와서는 내가 기도를 마칠 때까지 한참을 기다려주었다. 어떤 때는 기다리다가 "기도 좀 조금만 해." 하셔서 시계를 보면 벌써 1시간 이상이 지났을 때가 많았다. 나는 조금밖에 안 했다고 생각했는데….

　성체조배라지만 내가 뭘 제대로 알고 한 것은 아니었다. 어릴 때부터 책을 좋아해서 묵상 책이든 옛날 성인전이든 내 손에 닿으면 닥치는 대로 다 읽어봤지만 진짜로 주님하고 밀접한 생활을 어떻게 해야 하는지, 묵상은 어떻게 해야 하는지는 영 깡통이었다.

　그냥 성체 앞에 머리 수그리고 '오늘 하루 학교 가서 공부 잘하고 왔습니다.' 하고는 앉아서 있었던 일을 주님께 보고하는 그런 식이었다. 그리고서 꼭 덧붙이는 기도가 '내가 무엇을 어떻게 하면 좀 더 성모님을 알고 사랑할 수 있을지 저에게 사랑을 가르쳐주십시오.'였다.

그때는 정말 주님과 나, 둘뿐이었고 '남들이 말하는 행복이라는 게 이런 게 아닐까?' 그런 생각을 했다.

그런데 몇 년 지나지 않아 나는 냉담자로 돌변했다. 교리에서 배운 것과 교회의 현실은 너무 거리가 있어서 교회에 대해 반감을 갖게 되었다.

사람들과 무슨 얘기를 하다가 "천당이라는 게 있느냐?" 물으면 나는 "천당은 없다. 단지 천당이라는 것은 자기가 가장 기뻤을 때, 제일 기쁘고 좋았을 때의 상태이지 어디 천당이라는 구역이 따로 있느냐. 지옥은 자기가 무슨 병고를 당해서 제일 아프고 힘들 때가 계속되는 게 지옥이다." 그렇게 말하곤 했다.

신부님이 나보고 "어떻게 그런 말을 꾸며내느냐? 너는 이단이다." 그러면 "내가 이단이라면 성당에 못 나오게 하면 될 거 아니냐!" 하면서 신부님들에게 지지 않고 대들었다.

고등학교 들어가서는 아예 대놓고 교회에 대해 비판을 해댔다. 자꾸 그러다 보니 '내가 콩이네 팥이네 하는 것보다 아예 성당에 안 가는 게 낫지.' 그런 생각이 들었다.

좀 똑똑하다는 생각에 머리로만 신앙을 이해하려고 했으니 제대로 들어올 리가 없었다. 그래도 '인간이 자기 힘으로 이룰 수 있는 것은 하나도 없다.'는 그것 하나만은 변함없이 받아들이고 있었다.

서울대 사범대학을 졸업하자마자 6·25가 터졌다. 온 가족이 떠난 피난지 부산에서 나는 생각지도 않은 결핵성 뇌막염에 걸렸다. 뇌막염에만 걸려도 90%가 죽는 판인데, 결핵성 뇌막염이면 다 죽는다고 했다.

다행히 부산에는 유엔군으로 파병된 각국의 병원선들이 와있어 각국의 군의관들을 한 분씩 집으로 모셔와 나를 진찰시켰다. 군의관들이 X레이도 찍어보고, 내 척추에서 피를 빼서 검사도 해봤지만 결국은 종합비타민 주사나 하나 놔주고 가면서 "길어야 한 달 산다."고 했다. 단지 누워있었다는 기억밖에 없는데 나중에 알고 봤더니 6개월이나 누워있었다고 했다.

성모승천 대축일, 그러니까 8월 15일 새벽에 나는 이상한 꿈을 꿨다. 넓은 들판에 전혀 구경한 적도 없는 조그만 하얀 꽃이 잔뜩 피어있었다. 저쪽에서 웬 여인이 "루갈다야!" 하기에 무엇이라 표현할 수 없는 황홀함과 놀라움으로 바위 뒤에 숨었는데 "너 고생 많이 했다. 이제 일어나라." 하면서 내 손을 잡고 일으켜주었다.

몸을 일으켜보니 주삿바늘이 척추에 꽂혀있었다. 그 주삿바늘을 그냥 쑥 빼버리고는 "나 배고프니 밥 좀 갖다 줘." 하면서 침대 밑에서 자고 있던 요세핀을 깨웠다. 6개월간 누워만 있던 사람이 갑자기 일어나 앉으니 나를 간호하던 요세핀이 기절초풍을 했다. 그때 나는 결핵이니까 가족들과 한 5분쯤 떨어진 집에 외따로 살았는데, 요세핀이 그 길로 뛰어가서 우리 집 대문을 부술 정도로 두들겼단다.

가족들이 자다가 맨발로 쫓아와서 보니 내가 앉아있더란다. 오빠가 나를 보고 눈물을 줄줄 흘렸는데 그때 오빠의 눈물을 처음 봤다. 아버지는 내가 죽기 전 최후의 반사적 행동으로 일어난 줄 아셨다. 그 뒤부터 내가 말도 하고, 일어서서 걸어 다니니까 의사들도 기적이라고 했다.

파리 유학을 결심하자 부모님은 몸도 약한 계집애가 어디 외국을 가느냐며 반대가 심했다. 그때 내가 잘 가던 성 바오로 수녀회 불란서 수녀님들이나 명동성당 원 라리보 주교님이 특히 나를 무척 귀여워해 주셨다.

아버지, 어머니는 내가 그분들의 영향을 받아 불란서에 가려 한다고 생각하셨는지 자꾸 성당에 못 가게 했다. 나는 "그분들 알기 전부터 불란서 간다고 하지 않았나요? 내가 가고 싶으면 몰래 얼마든지 갈 수 있어요. 아빠가 뭐 하루종일 집에서 지키고 앉아 계실 건가요?" 그렇게 쏘아붙이곤 했다.

결국 아버지가 포기하셨다는 듯 "죽었다 살아났으니 네 맘대로 해라." 하셨다. 1955년 나는 우리나라 민간인 여성 1호 유학생으로 파리 소르본대학에 가게 되었고 역사학을 공부해 석사, 박사학위를 받았다.

1967년에 '직지심체요절'이 현존하는 세계 최고最古의 금속활자본이라는 것을 내가 고증해낸 것도 기적이라고밖에 할 수가 없다. 직지심체요절은 파리 국립도서관에 와있었지만 그 유명한 동양학자인 모리스 꾸랑도 금속활자본인지 아닌지는 확신을 못하고 있었다.

이것이 진짜 금속 활자본이라'면' 역사적으로 큰 가치가 있는데, 그 '면'자를 어떻게 면하느냐 그것이 문제였다.

나는 필사본이건 인쇄본이건 복사본이건 내용만 중요하게 여겼지, 활자 자체에 대해서는 신경 써본 일도 없었다. 활자체에 대해 무식한 내가 무슨 재간으로 '면'자를 면免하게 하느냐? 그 문제로 골머리를 앓기 시작했다.

그때 우연히 파리 오본 마르쉐 백화점에 갔는데 백화점 뒤쪽에 '기적의 성모' 발현지 성당이 있었다. 그 성당에 앉아서 묵주신공을 하고 있는데, 갑자기 '중국, 일본의 인쇄사印刷史가 있지 않느냐? 그걸 보면 네가 알 거다.' 이런 생각이 팍 떠올랐다.

나는 부랴부랴 도서관으로 달려갔고 그 인쇄사 공부가 '직지심경'을 고증해내는 시작이 되었다. 성모님이 내게 그렇게 아이디어를 주신 게 아닐까?

내가 아침에 책상에 앉아 제일 먼저 하는 것이 '저에게 지혜의 성령을 베풀어 주십시오.' 하는 기도이다. 그분의 도움 없이 나는 아무것도 할 수가 없다. 일하는 도중 어려운 대목에 닥칠 때 "성모님! 나 이거 못 알아듣겠는데 이게 뭡니까? 좀 가르쳐주십시오." 하고 어린애처럼 보챌 수밖에 없다. 어떤 때 너무 화가 나면 막 대들고 어떤 때는 '아휴, 고마워요.' 웃기도 하고…. 그게 파리에서의 내 생활이다.

당돌하고 원대한 꿈을 꾸며 유달리 강한 자만심을 가졌던 나였지만 이제는 작은 일, 나에게 주어진 일을 할 수 있는 데까지 하도록 최선의 노력을 다하고 있다.

'직지심경'이 현존하는 세계 최고最古의 금속활자라는 것을 고증해내 세계를 놀라게 한 **박병선**은 병인양요 때 프랑스군이 강탈해간 조선왕조 외규장각 도서를 1978년 파리국립도서관 창고에서 찾아내 국내에 반환시키는 데 결정적 역할을 한 학자다. 파리도서관의 갖은 방해 속에 혼자서 297권의 외규장각 도서를 한국어와 불어로 번역해 《조선왕조 의궤》로 펴내는 데 꼬박 10년이 걸렸다.
직지심경 고증은 특히 성모님께, 외규장각 도서를 찾을 때는 요셉 성인께 도움을 청했다고 한다. 팔순이 넘어 세상을 떠날 때까지도 《파리교포사》를 펴내기 위해 파리동포들의 생활상을 정리하는 데 힘썼다.

꼬마와 택시기사

박성욱 회사원

나는 택시를 타면 기사분 얼굴을 유심히 살핀다. 꼭 찾고 싶은 분이 있기 때문이다.

초등학교 2학년 때였다. 종암동에서 장안동으로 갑자기 이사를 하게 되었는데 학기 중이라 전학이 곤란해 매일 버스로 40여 분 먼 거리를 달려 통학했다.

어린 나이에 고달프고 힘든 일이었지만 1년만 참으면 전학을 시켜준다기에 꾹 참고 다니던 어느 날, 2교시 정도 지났을까. 갑자기 배가 살살 아파오기 시작했다.

참아보려 했지만 배는 점점 뒤틀려왔고 화장실을 다녀와도 소용이 없었다. 지켜보던 선생님이 조퇴를 허락해주셔서 나는 책가방을 들고 넓은 운동장을 가로질러 터덜터덜 걸어나갔다. 아픈 배를 움켜쥐고 머나먼 집으로 가야 할 걱정이 태산 같았다. 버스정류장까지 비틀비틀 걸어서 겨우 장안동 가는 버스를 탔다. 자리에 앉자마자 이제는 집에 갈 수 있다는 안도감에 슬슬 잠이 오기 시작했다.

얼마나 잤을까? 눈을 떠보니 창밖을 스쳐 가는 낯선 풍경! 여기가 도대체 어디일까…. 이제 어떻게 해야 하나. 비죽비죽 눈물이 나오기 시작했다. 주머니엔 버스토큰 몇 개뿐. 다시 버스를 타고 돌아가야 했지만 엄두가 나지 않았고 배도 맹렬하게 아파왔다.

'일단 택시를 타고 집에 가서 엄마를 부르자.' 없는 힘을 짜내 택시를 잡으려 했지만 꼬마아이 혼자서 맹랑하게 택시를 잡는데 누가 세워주겠는가. 몇 대를 그냥 보내고 나서야 겨우 택시 한 대가 섰다. 아저씨는 땀을 뻘뻘 흘리며 배를 움켜쥔 내 모습에 놀라신 듯했다.

집이 어디냐, 어디가 아프냐 이것저것 물으시더니 그래도 또 박또박 집주소를 이야기하는 나를 똑똑하다고 칭찬하셨다.

얼마쯤 달리자 익숙한 풍경들이 보이기 시작했다. 약국 앞에서 갑자기 아저씨가 차를 세우더니 약봉지를 들고 오셨다. "일단 이걸 좀 먹거라." 소화제와 알약을 주시는 아저씨. 태워준 것만도 고마운데 약까지 사주시다니….

집 앞에 도착하자마자 나는 아저씨께 잠시만 기다려달라고 하고 엄마를 불러댔다. 놀라서 뛰어나오는 엄마를 보니 참았던 눈물이 터져 나왔다. 집으로 오는 길이 이렇게 멀고 험하다니…. 엉엉 울다가 밖에서 기다리는 택시 아저씨 생각이 나서 얼른 나가보라고 하고는 그 자리에 쓰러져 꿍꿍 앓으면서 몇 시간이나 잠을 잤다.

나중에 엄마에게 여쭤보니 아저씨는 택시 안에서 혼자 기도를 하고 계셨다고 한다. 나를 위한 기도였을까? 만약 그때 그 택시가 아니었으면, 그 기사 아저씨가 아니었다면 어떻게 되었을까.

그래서 요즘도 택시를 타게 되면 기사분 얼굴을 살펴보게 된다. 혹시 배 아파 쩔쩔매던 꼬마아이를 살려주셨던 그때 그분이 아닌가 싶어서….

---

*어릴 적, 집을 나가 고생한 경험이 있어 '따뜻한 집이 최고!'라는 생각을 하게 된 **박성욱**은 결혼할 때 가장이 되는 두려움도 컸지만 아내와 함께 가족의 소중함을 느끼며 5년간 행복하게 지내왔다. 요즘은 아이를 무릎에 앉혀놓고 어린이영화 '파워레인저'를 보는 행복에 푹 빠져있다. 몸이 불편한 분들을 돕는 사회복지사로 일하면서 음악을 좋아해 음원 파일 모으기, 음악 동영상 감상을 즐기고 고등학교 때부터 쳐온 드럼을 교회에서 연주하고 있다. 전자기타와 색소폰, 피아노도 배워서 나중에 아들과 함께 무대에 서고 싶다.*

냠냠클럽과 열 칸짜리 노트

신용문 신부

흩날리던 빗줄기는 이내 땅속으로 스며 그 자취를 감추지만, 땅속으로 낮은 곳으로 흘러 마침내 바다를 이루기까지 생명의 바탕을 만들고 또다시 구름이 되어 가난한 순례를 시작한다.

구름처럼 자신의 모습을 움켜쥔 채 저 높은 곳에 머물러있지 않고, 분연히 그 자리를 던지고서 땅으로 곤두박질치는 빗줄기가 메마른 땅을 촉촉이 부드럽게 적셔준다.

이처럼 "하느님의 모습을 지니셨지만 하느님과 같음을 당연한 것으로 여기지 않으시고 오히려 당신 자신을 비우시어 종의 모습을 취하시고 사람들과 같이 되신"필리 2,6-7 주님 모습을 본

받아, 의지할 데 없고 얻어먹을 힘조차 없는 가난한 이들 가운데서 용서와 화해로 거듭나도록 불림 받은 축복을, 이 성소의 길을 그 무엇과 비교할 수 있겠는가.

하느님을 알고 "저의 주님, 저의 하느님!"이라 한 사도 토마스처럼 새로이 입술을 열게 한 지난날들의 발자취를 어찌 소홀히 하랴.

여섯 살, 어머니의 손을 잡고 들어선 어느 성당. 돈 한 푼 없어 치료 한번 꿈꾸어보지 못한 채 백혈병으로 주님 품에 잠든 어린아이의 장례미사 후, 모든 신자가 빠져나간 한구석에서 아무것도 해줄 수 없는 '사람'으로서 울고 있는 한 젊은 사제를 만난 충격!

"신부는 다른 사람의 아픔을 자기 아픔으로 울어줄 수 있는 예수님 마음을 가진 사람이 되는 거란다." 하신 어머니 말씀, 그때의 기억은 평생 잊지 못할 사제상으로 새겨졌다.

초등학교 6학년, 그 말씀이 보다 구체적으로 다가왔다. 남루한 옷차림에 말도 통하지 않아 '왕따'였던 한 친구. 나 역시 다가갈 자신이 없었지만 "예수님은 어떻게 하셨겠니?" 하신 어머니 말씀에 수돗물로 배 채우기 일쑤인 녀석을 위해 '냠냠클럽'을 만들어 돌아가면서 도시락을 두 개씩 싸갔다.

열 칸짜리 노트를 사서 쉬는 시간마다 한글을 가르쳤던 기억은 더욱더 생생하다. 'ㄱ' 가르치는 데 한 달, 'ㄴ' 가르치는 데 3주….

뜨거운 눈물이 고인 졸업식, 그 아이가 건네준 노트 끝장에 또박또박 눌러쓴 글씨 '나 같은 친구 위해 일하는 사람 꼭 되어 줘!' 기적이었다. "그래, 그렇게!"

드러내고 표현하진 않았어도 주님의 종이 된다는 열망이 불타올랐던 중학 시절, 교목인 목사님과의 만남은 그 불꽃에 기름을 부은 격이었다. 진중하게 영적 담화를 나누던 시간은 그야말로 꿀맛이었고, 가족으로부터 버림받은 고통과 장애를 가진 100여 명 남짓 되는 이들을 돌보는 그분의 삶은 더할 나위 없는 내 앞길의 이정표였다.

그러나 신학교를 가려던 내게 전혀 다른 삶의 길이 준비된 듯했다. 본당신부님과의 면담 결과 복잡한 가정사정으로 인해 사제직을 포기해야 한다는 것이었다. 그날처럼 우울한 어머니의 모습을 뵌 적이 없다. 눈물 훔치는 어머니 앞에서 침묵과 기도만이 청천벽력처럼 무너져 내리던 허허로움을 달래주었다.

고민 끝에 평신도로 살기로 결심했지만, 어린 시절부터 낯설지 않았던 가난한 이들에게로 향하는 마음은 가슴 한구석 지울 수 없는 그리움이었다. 신부가 못 되더라도 그들의 고통을 덜어 줄 수 있는 그 한 길에 응답하리라 마음먹었다.

그러나 주님은 정작 무엇을 원하셨는지…. 고2, 한창 열을 다해 공부할 즈음 갑작스레 당뇨병으로 쓰러진 어머니, 그 몇 달후 아버지처럼 사랑해주시던 이모부의 죽음, 그리고 점차 시력을 잃어가는 오른쪽 눈, 입시를 불과 2개월 앞두고 급우의 자살까지…. 마치 폭풍이 휘몰아치는 험한 길에 내몰린 어린양처럼 절박한 심정이었다.

결국 원했던 전공과는 다른 학과에 합격하고 점차 세속의 길을 걸었다. 겨우 주일미사만 참여하는 신앙생활, 헛된 모임에 젖어 찌든 모습…. 더 이상 예전의 내가 아니었다.

그럼에도, 그럼에도…. 숨어계신 주님의 손길은 다시금 잃어버린 나를 찾도록 섬세한 준비를 하고 계셨다. 피로에 절어 지하철 한구석에서 널브러지듯 잠든 나를 흔들어 깨운 손 위로 물끄러미 바라보던 옛 친구의 걱정스러운 눈길. "너 왜 이러고 있니? 너 신학교에 있어야 되는 거 아니니?"

속내를 털어놓은 대화 끝에 찾은 곳 '형설야학'이라는 간판 앞에서 왜 그렇게 많은 눈물을 쏟았는지…. 13세부터 50대 중반까지 저마다 배움의 한을 품고 초롱초롱한 눈망울로 책을 펼친 모습, 망설임 없이 따뜻하게 품어주던 환대, 가난한 이웃의 내음, '빛을 기다리는' 그들 틈에서 점차 평안함을 찾아갔다.

'주님, 다시 불러만 주신다면….' 그들과의 몸부림 속에서 다시금 지펴지는 작은 성소의 불씨를 놓치고 싶지 않았다.

그렇게 뜨거운 가슴으로 살다 졸업을 앞두고 우연히 미리내 성지에 갔다. 어머니 말씀에 못 이겨 술 약속을 미뤄두고 간 곳이니만큼 무언가를 찾으려는 마음과 그냥 그 마음을 비우려는 교차된 심정을 안고서….

그곳에 발을 들여놓기 무섭게 성소가 있어 왔느냐는 말씀에 넋을 잃듯 "그렇습니다."란 응답이 내 입에서 새어나오고 기쁨이 샘솟았다. 그러나 그 환희는 바로 다음날 변화의 국면으로 치달았다. 할머니의 교통사고, 어머니의 대장암 진단.

평생의 든든한 보루요, 영적 스승이며 다정한 연인이자 맘을 열 수 있는 영원한 친구인 어머니와의 이별을 앞에 두고 담담함을 잃지 않으려 애썼지만 슬픔은 더욱 커질 뿐이었다. 그러나…

"주님, 당신께서는 저를 살펴보시어 아십니다."시편 139,1

병원에서 우연히 만나 주님 곁으로 가시려는 어머니의 영적 정화를 권유하시던 분의 말씀을 따라 꽃동네에 오게 될 줄은 정녕 몰랐다. '의지할 곳 없고 얻어먹을 힘조차 없는' 이들의 과거를 용서와 사랑의 도구로 발돋움하게 한 이곳에 말이다.

미사가 이어지고 성체를 받아 모시는 순간 "너의 길이 마련되어 있다." 하시며 끊임없이 가난한 이들 틈바구니에서 기묘하게 편지를 엮어 보내신 분, 주님의 음성을 들었다고 확신한다.

내 처지로서는 불러주심이 마땅하지 않음을 알면서도 그 부르심에 감사할 수밖에 없었다. 가난을 통해 가난을 알게 하시고 눈물을 통해 눈물을 품게 하시고, 용서를 통해 용서하게 하셨으니…. 질그릇에 보화를 담으시듯 나의 좁다란 가슴 언저리라도 내어주어 가난한 이들의 가슴이 내 가슴이 되어 함께 울어줄 수 있는 자리로 불러주신 하느님의 계획에 내 마음 전부를 담아 순명하련다.

영적, 육적 상처가 곪아 썩는 냄새가 나는 이 자리가 달갑다. 병원균과 싸워 죽은 백혈구의 시체가 고름이라는 본질을 알면 누가 그 겉모습과 냄새만으로 고름을 멀리할 수 있을까.

고름처럼 그 내면에 숭고한 사랑을 품은 이들 곁에서 세상의 고통과 죽음을 대신하여 화해와 용서를 이루는 '한 가족'으로 머무는 임 계신 이곳, 매일 이들과 엮어가는 삶이 진정 '꽃자리'이다.

"내가 당신 곁에 있음으로 당신 발아래 무릎 꿇을 수 있는 것은 가난한 당신 안에서 끌어안아 주는 그분이 계시기 때문입니다. 가난한 당신을 사랑합니다." 꽃동네 가족의 침대 옆에서

사람들의 작은 종으로 살고 있는 **신용문** 신부는 어려운 이들의 아픔을 함께하는 것에 감사하면서 더 많이 함께하지 못하는 자신의 부족한 사랑이 안타까울 뿐이다. 오웅진 신부가 설립한 '예수의 꽃동네 형제회'에 입회하여 2003년에 종신서원을 하고 꽃동네 가족이 되었다.

수녀님이 야속했다

한진섭 조각가

지독히도 많은 비가 온 어느 여름, 불볕더위가 대단하다. 작업하노라면 줄줄 흐르는 땀을 주체할 수 없다. 러닝셔츠에 흥건히 밴 땀을 짜서 다시 입는다. 시원함과 뿌듯함이 느껴진다.

늘 돌가루와 먼지 속에서 작업하기 때문에 작업을 하려면 작업복으로 갈아입고 마스크, 모자, 보호안경과 같은 기초장비를 착용한다. 작품 표면의 터치와 볼륨감을 정확히 읽어내기 위해 낮에도 전구를 켜놓는다.

작품을 한 걸음 뒤에서 보다가, 옆에서 보다가 좀 이상하게 만들어진 것 같아 그라인더로 조금 갈아낸 후 다시 한 걸음 뒤에서 보다가 또다시 망치질을 한다. 그러다 보면 정이 무뎌져서 정을 뾰족하게 갈아야 한다. 가만히 있어도 찌는 듯한 날씨에 이런 장비로 무장하고는 다람쥐 쳇바퀴 돌 듯 앞으로 뒤로 수십 킬로미터를 걸으면서 나는 하루 종일 작업을 하고 있다.

오늘은 기분이 좋다. 마지막 손질을 하고 있는 성수대가 맘에 들기 때문이다. 처음 생각했던 것보다 형태가 자연스럽고 마감할수록 표면처리가 맘에 든다.

어제 신축성당 성수대 뒷부분에서 무늬가 발견되었다. 뒤쪽이니까 잘 보이지 않으니 괜찮다고 생각하면서도 왠지 자꾸 마음에 걸렸다. 문제를 해결하려면 전체를 다시 정으로 쪼아내야 할 것 같았다. 그저께까지만 해도 정 자국이 날까 봐 그토록 조심스럽게 형태를 만들었는데….

망치와 정을 들고 쪼기 시작했다. 넓은 부분은 거칠게, 모서리는 곱게, 그리고 물이 담기는 부분은 광이 나야 하므로 조심스럽게 피해 가면서 작업을 했다. 내가 만들고 있는 이 성수대가 성당 입구에서 사람들을 반갑게 맞이한다고 생각하니, 사람들의 몸과 마음을 정화하고 기분까지 상쾌하게 하는 성수대가 될 것 같아서 연신 땀이 쏟아지면서도 마음은 시원했다.

이 성수대는 내게 특별한 사연이 있다. 신축성당의 성수대 의

뢰를 받고 나서 열정과 에너지로 가득한 신부님께 조금이라도 보탬이 되고자 성수대 모형을 두 개씩이나 열심히 만들었다.

예수님의 상징인 물고기 모양과 세례자 요한이 물그릇을 머리에 이고 있는 독특한 모양이었다. 점토로 형태를 빚어 석고로 몰드를 만들고, 석고로 캐스팅한 후 마지막 수정작업까지 해서 30cm 정도의 모형을 완성했다.

성미술 작가들과 회의가 있던 날, 신부님이 흐뭇해하실 모습을 그려보면서 정성 들여 예쁘게 포장까지 한 모형을 자신 있게 펼쳐 보여 드렸다.

그런데 "야~ 좋다!" 하시면서도 뭔가 2% 부족해하신다는 것을 즉각 알아챌 수 있었다. 어딘가를 가시는 수녀님을 불러 성수대가 어떤지 물었는데 수녀님 역시 비슷한 반응이셨다. 게다가 한 말씀 남기셨는데 지금도 잊혀지지 않는다.

"물그릇을 이고 있는 사람이 너무 힘들어 보여요. 계속 저러고 서 있어야 할 텐데…."

수녀님이 너무도 야속했다. '그냥 좋다고 하시면 될 것을 뭐가 힘들어 보인다고…. 얼마나 많은 시간을 들여 준비했는데….' 하는 생각과 동시에 '부족하구나.' 하는 생각이 순간적으로 들었다. 나는 성수대 모형을 얼른 상자에 담았다.

"신부님, 고민을 더 해보겠습니다." 성당을 빠져나와 작업실로 돌아오는데 어찌나 서러운지 눈물이 났다. 일도 도무지 손에 잡히지 않았다. 열심히 했는데도 부족하다면 내 능력이 부족한 것이다. 부족한 능력을 어찌하란 말인가. 또다시 서러운 맘이 걷잡을 수 없이 들었다. 처음에는 내 능력을 알아주지 못하는 것에 대한 서러움이었는데 나중에는 내 능력이 부족한 것에 대한 서러움이었다.

"하느님, 제게 능력을 주십시오. 고생하시는 신부님이 만족할수 있고, 수녀님이 편안하게 느낄 수 있고, 제가 만족할 수 있는 작품을 만들도록 도와주십시오."

나는 다른 일을 모두 접어두고 성수대 구상만 몇 날 며칠을 했다. 몇 번의 시행착오를 거치면서 점토 작업을 했다. 그러던 어느 날 나도 모르게 '세례자 요한이 두 손을 모으니' 자연스럽게 물그릇 형상이 만들어졌다. 자연스러우면서도 편안한 느낌의 성수대가 되어가고 있었다. 정말이지 신비스러웠다. 다시 모형을 만들어 신부님께 보여 드렸다.

"아! 이거예요, 이거!" 신부님께서 좋아하시던 모습이 눈에 선하다. 수녀님도 만족하셨고 동료 작가들도 좋아했다. 좋은 건 누가 봐도 좋다는 사실을 다시 한번 확인할 수 있었다. 뭔가 보탬이 되었다는 사실이 정말 행복했다. "하느님! 감사합니다."

이제 모형이 완성됐으니 돌을 찾아야 하고 작업을 해야 하는 일이 남아있다. 그러나 모두가 좋아하는 성수대이니 두렵거나 겁나지 않았다. 느낌을 불어넣고, 손맛을 내고, 터치의 강약을 준다. 작업실을 찾아오는 손님들이 한결같이 하는 말이 있다. "이 더위에 힘들지 않아요?"

내가 무척이나 불쌍해 보인다는 표정들이다. 그도 그럴 것이 시끄럽고, 덥고, 먼지 가득한 곳에서 중무장을 하고 일하는 내 모습을 보고 그런 말이 안 나오겠는가?

하지만 나의 이 즐겁고, 만족한 마음을 어떻게 설명할 수 있을까? 그것을 이해시키는 것은 어려워 보여 사람들이 "힘들죠?" 하고 물으면 나는 이렇게 대답한다. "그냥 할 만해요."

성미술 작업을 하면서 참 많은 공부를 하게 되었고, 무엇보다 주님의 사랑을 느낄 수 있었다. 성당의 성미술 작가로 선정되는 과정도 신기했고 작업과정도 신비스러웠다.

나는 성당에서 제대와 독서대, 신부님과 복사의 의자, 주수상, 해설대, 성수대 제작을 위촉받았다. 제대는 성체성사를 표현하는 색, 즉 실제 사람의 살과 피를 나타내는 색과 가까운 '임페리얼 레드'라는 붉은 돌로 제작하기로 했다.

그랬더니 신부님은 그 돌을 구하기 위해 직접 뛰어다니셨고 결국 기적처럼 그 제대에 쓰일 가장 적합한 돌을 그것도 최저가에 사오셨다.

성당이 다 완성되면 다른 성당으로 떠나야 한다는 사실을 누구보다 잘 알고 계시는 신부님이 그토록 열심히 성당을 짓는 모습이, 특히 성미술에 열과 성을 다하는 모습이 존경스러웠다. 그런 모습을 보면서 '하느님께 드리는 정성이 저토록 간절하니 하느님께서 돌도 직접 골라 주시는구나.' 하는 것을 느꼈다. '하느님께서 당신의 집을 손수 짓고 계시는구나' 하는 확신과 함께….

성미술작품을 만들다보니 생각해야 할 부분이 너무도 많다는 것을 느낀다. 성당은 작품 전시장이 아니라는 것을, 또한 땀으로만 만드는 것이 아니라 눈물로 만들어야 한다는 것을, 아름다워야 하나 사치스럽지 않아야 하고, 소박하나 초라하지 않아야 한다는 것을….

이 더운 여름에도 즐거운 마음으로 작업할 수 있도록 허락해 주신 하느님께 감사드리며 나는 오늘도 작업을 한다.

딱딱하고 차가운 돌에 따뜻한 온기를 불어넣는 조각가 **한진섭**의 작업 주제는 늘 인간이다. 그 덕분에 미술에 문외한인 사람들도 쉽게 접근하며 웃고 정다워한다. 그는 일본의 하꼬네 미술관, 프랑스의 대통령궁에 작품을 남기고 다수 수상 경력이 있지만 '작가는 오로지 작품을 통해서만 말해야 한다.'고 믿기에 최대한 외부활동은 자제하고 오로지 작업에 전념한다.

멋진 자동차
예쁜 여자친구

아들이 건네준 쪽지

엄갑도 수필가

3월 햇살이 따사롭다. 진한 봄 향기가 아파트 베란다까지 파고든다. 진홍색 시클라멘 꽃이 활짝 피어 웃고 군자란이 샛노란 꽃봉오리를 솟아 올리고 있다.

일요일의 한가로운 봄볕을 한껏 즐기고 있는데 아파트 현관문 열리는 소리와 함께 옥구슬 굴러가는 소리로 "할아버지!" 하고 부르면서 네 살배기 손자 놈이 뛰어들어 온다.

나도 반사적으로 뛰어나가면서 "어이구! 희원이 오는구나." 하며 손자 놈을 덥석 끌어안았다. 뒤이어 큰아들과 며느리가 인사를 하면서 들어온다. 분가해 살고있는 아들 내외가 오늘 미사를 함께 하고 싶어 왔단다. 아내와 나는 기쁜 마음으로 아들 내외, 손자와 함께 성당에 갔다. 이윽고 미사가 시작되었다. 가끔 장난을 치면서도 점잖게 앉아 있는 손자를 대견하게 보면서, 또 큰아들의 의젓한 모습을 보면서 주님의 은총에 감사를 올렸다. 암울했던 15년 전의 일이 불현듯 생각났기 때문이다.

아무 탈 없이 건강하게 공부 잘하던 큰아들이 1988년 고등학교 3학년에 접어들자 웬일인지 가끔씩 가슴 통증과 호흡곤란을 느낀다며 자주 자리에 드러눕곤 했다. 자주 다니는 동네 내과에서 심상치 않으니 종합병원에 가서 진단을 받아보라고 권유했다. 흉부외과 검사 결과 폐에 구멍이 생긴 '기흉'이라고 했다.

청천벽력같은 소리였다. 입시를 눈앞에 둔 고3, 한 시간도 천금 같은 시간 아닌가. 지금까지 전연 생각지 못하였던 일이라 당황하지 않을 수 없었다. 안정을 취하면서 자연치유를 기대했으나 계속 재발되고 녀석은 점점 지쳐가고 있었다. 결국 입원하여 흉관삽입술 치료를 받았다.

퇴원 후 그나마 건강을 되찾아 늦었지만 입시 준비에 매달리는 아들이 어떻게나 안쓰럽던지. 나는 그저 건강에만 신경 쓰라고 몇 번을 타일렀으나 소용이 없었다.

열심히 노력한 덕택으로 만족할 만한 수준은 아니었지만 대학에 합격해서 한숨 돌릴 수 있었다. 그런데 한 학기가 지나갈 무렵 병이 재발되었다. 가슴이 덜컹 내려앉는 충격을 받았다. 고통스러워하는 모습이 내 가슴을 너무나 아프게 했다.

급기야 아내와 나는 서울대학병원에 아들을 입원시켰다. 모든 검사를 끝낸 담당의사는 가슴을 열어 원인이 되는 폐의 공기주머니를 직접 제거해주는 수술을 해야 재발이 없다고 했다. 대수술이라 두려움이 앞섰다.

수술대 위에 누워있는 아들을 쳐다보는 내 가슴은 말로 형용하기 어려운 애처로움과 두려움 속에 떨고 있었다. 그러한 나를 쳐다보는 아들 녀석이 담담한 표정으로 말했다. "아버지, 너무 걱정 마시고요, 부탁이 있어요." "뭔데? 말해 봐." "이거 한번 읽어주세요." 하면서 쪽지 한 장을 내게 건네주었다.

그 상황에서 무엇인들 못 들어줄 것인가. "그래, 알았다. 너는 아무것도 걱정하지 말고 잘 견뎌내야 한다." 목멘 소리로 부탁을 했다. 그리고 녀석은 수술실로 들어갔다.

아들이 수술실로 들어간 후 대기실에서 아내와 나는 두려움에 떨면서 수술이 잘되기만을 마음속으로 열심히 빌었다. 그리고 조금 전에 아들이 건네준 쪽지를 펼쳐 보았다. 그 쪽지에는 '저는 아버지께서 성당에 다니시면 굉장히 기쁠 것입니다. 아버지와 함께 성당에 다니는 친구들이 부러웠어요.' 이렇게 적혀 있었다.

아뿔싸! 또 한 번 충격을 받았다. 그리고 마음속으로 굳게 결심했다. '하느님, 제 자식을 살려주십시오. 아들 녀석과 함께 성당에 다닐 수 있게 말입니다.' 빌고 또 빌었다.

입술은 바짝 마르고 안절부절못한 채 벽에 붙어있는 시계만 초조하게 응시하고 있었다. 아내도 나와 같은 심정일 텐데 묵주를 손에 들고 열심히 기도를 올리고 있었다. 생명의 주관자이신 하느님께 의탁할 뿐이라면서.

교육행정직 공무원으로 근무하던 나는 교사였던 아내와 결혼했다. 아내는 결혼 후 얼마 지나지 않아 성당에 열심히 다니기 시작했다. 그리고 나에게도 성당에 다닐 것을 간곡히 권유하곤 했다. 그때마다 나는 직장에 충실히 하는 것이 삶의 전부인 양 일에 매달렸고 성당에는 정년퇴직 후에 다닐 것이니 그동안 당신이나 열심히 다니라면서 그 권유를 뿌리쳤다.

그 사이 우리는 아들딸 4남매를 낳았다. 아내는 아이들 넷 모두 유아세례를 받게 하고, 어머니까지 성당에 다니게 하였다. 두 아들은 복사도 서고, 나중에는 청소년 교리교사로도 열심히 활동했다.

그 후에도 때때로 아내와 아이들은 나만 성당에 다니면 성가정을 이룬다면서 권유했으나 그때마다 나는 "나중에 다니마." 했다. 녀석은 그게 답답했던 모양이었다. 오죽하면 수술실에 들어가면서 이런 쪽지를 내게 전했을까.

초조와 불안 그리고 두려움 속에 쳐다보고 있는 시계의 시침은 참으로 느리게 돌아가고 있었다. 시간이 길어질수록 온갖 나쁜 상상이 더욱 나를 곤혹스럽게 했다.

3시간이 넘어서야 겨우 수술이 끝났다. 피를 말리면서 보낸 긴 시간이었다. 대수술을 끝내고 침대에 누워있는 녀석은 링거를 비롯한 많은 호스를 몸에 꽂은 채 평화로운 표정으로 잠에 떨어져 있었다. 그날부터 퇴원할 때까지 참으로 어려운 고비와 고통을 아들은 잘 견뎌주었다.

아들이 퇴원한 후 나는 가족들과 함께 새벽 미사를 봉헌했다. 일찍이 아내가 그렇게 간절하게 권유할 때도 귀담아듣지 않던 내가 이렇게 앞장서 성당으로 나서니 아내와 아이들은 매우 이상하게 생각하는 눈치였다.

녀석이 수술받던 날, 나는 '주님, 제발 제 자식놈을 살려주십시오. 아들과 함께 성당에 다닐 수 있게 해주십시오.' 하고 얼마나 빌고 빌었던가.

미사 중 한 장궤틀에 나란히 앉은 녀석은 "아버지가 성당에 다니시니 참으로 기쁘네요." 하면서 만족한 웃음을 내게 보내는 것이었다. 나도 가벼운 미소로 답하면서 마음속으로는 주님께 '감사합니다, 감사합니다.'를 연발하고 있었다.

이렇게 성당에 다니기 시작한 나는 9개월에 걸친 예비자교리를 열심히 받고 1990년 6월 27일 세례를 받았다. 비로소 주님의 품에 안겨 은총 속에 생활하게 된 것이다. 아내도 성가정을 이루게 되었다고 매우 기뻐했다.

그리고 15년의 세월이 흘렀다. 그 긴 세월 동안 야생초 향기 가득한 유역을 순풍에 돛달고 순행하던 세월도 있었지만, 비바람 몰아치는 폭풍의 세월도 많았다. 하지만 그 어려운 고비마다 주님의 은총이 늘 함께해주셨다고 생각한다. 특히 주님께서는 아들의 건강을 회복시켜 주셨다.

현재 고등학교 교사로 성실하게 근무하고 있으며 결혼하여 손자까지 이렇게 대동하고 함께 미사를 올리게 하여주시니, 주님의 은총에 다시 한번 감사를 올리지 않을 수 없다. "전능하시고 자애로우신 주님! 참으로 감사하나이다."

충청북도 교육청 국·과장을 거쳐 충청북도 중앙도서관 관장직을 끝으로 37년간의 공직을 정년 퇴직한 **엄갑도**는 수필가로 활동하고 있다. 테니스와 등산, 바둑두기를 즐겨한다.

원래부터 성경 읽었던 척

이선희 대학생

대학 2학년 때 교환학생으로 중국 대련에 갔다. 친구 채형이와 함께하는 유학생활이라 외롭지 않았는데, 나는 대련 한인성당을 찾아 미사를 보고 채형이는 조선족 교회에서 예배를 보았다.

모태신앙으로 어머니 손에 이끌려 성당에 다닌 나는 주일미사는 꼭 지켰지만 스무 살이 되도록 평일 미사는 간 적이 없었다. 그렇게 소극적인 신앙생활로 성경 읽기도 여러 번 시도는 했지만 창세기의 족보가 나오는 부분에만 오면 늘 코를 골며 졸기 일쑤였다.

그런데 중국에 있는 동안 내가 가진 유일한 한글책은 성경이었다. 그리고 아침에 일어나면 매일 성경을 10쪽씩 읽는 채형이의 모습은 중국에서 겪은 문화충격보다 더 신선했다.

속으로는 놀라고 부끄러웠지만, 자존심 때문에 나도 원래부터 그랬던 것처럼 매일 성경을 읽었다. 창세기부터 읽으면 채형이가 나를 성경을 통 읽지 않는 천주교 신자라고 생각할까 봐 중간을 훌쩍 뛰어넘어 마태복음부터 읽었다.

"너희는 유혹에 빠지지 않도록 깨어 기도하여라." 하는 구절이 깊이 들어왔다. 처음 읽는 성경이 중국어공부보다 재미있어서 매일 읽어나갔다. 한국 유학생들 사이에서 우리는 신앙 깊은 아이들로 낙인이 찍혔지만 솔직히 그런 반응도 싫지 않았다.

하지만 실제 신앙심이 깊지 않았던 탓에 그런 내 모습에 죄책감도 들었다. 그래도 매일 성경을 읽고 자주 기도도 하고 하느님 말씀에 따라 살게 되는 일이 늘어갔다.

아침에 좋은 구절을 써서 붙여놓으면 그 하루는 꼭 그 말에 따라 살게 되는 것이었다! 너무 놀라운 체험이었다. 유학생들에게 내 체험을 말하고 싶었지만 나를 이상한 아이로 볼까 봐 그렇게 하지는 못했다. 5개월 동안 개신교에 대한 편견도 사라지고 영적으로 조금 더 자란 나를 발견했다.

학기를 마치고 한국으로 돌아오기 전 채형이와 상해 여행을 가기로 했다. 여행 전날 밤 침대에 누워 채형이와 이번 여행의 주제를 생각해 봤다. 채형이는 '사진 많이 찍어 추억하는 것'이라고 했고, 나는 곰곰이 생각한 후 '비움'이라고 했다.

갑작스러운 내 진지한 말투에 채형이는 놀랐지만 솔직히 놀랄 일은 아니었다. 중국에서 공부하면서 나는 우리나라 60, 70년대처럼 무척 가난하게 살아가는 사람들을 보면서 그동안 내가 얼마나 부유하게 살았는지 반성이 되었다. 욕심을 부리면서 그게 욕심인 줄도 몰랐던 내 모습이 부끄러웠다.

부모님이 매달 보내주는 용돈으로 나는 식도락 탐방과 여행을 하며 그 어떤 고생도 겪지 않았다. 무게제한을 훨씬 넘기는 귀국 짐가방을 꾸리며 내 욕심을 좀 비워야겠다는 생각이 들었다. 그게 욕심이든 집착이든 내가 가진 못된 것들을 모두 비우고 싶었다. 과연 세계적인 대도시에서 내 마음의 짐을 비울 수 있을지 의문이었지만….

상해를 여행하며 채형이와의 우정은 점점 두터워졌다. 둘이 손잡고 돌아다니던 2010년 마지막 날, 나는 카메라를 소매치기 당했다. 중국에 있는 동안 늘 조심했지만 속수무책으로 당하고 만 것이다.

그리고 새해 첫날, 채형이도 카메라를 소매치기당했다. 그간 찍은 사진도 카메라와 함께 다 사라졌다. 결국 우리가 가진 건 서로 행복했던 추억뿐이었다. 카메라를 잃어버렸을 때 친구들한테 미니홈피로 자랑하고 싶었던 생각에 너무 아쉬웠다. 그러나 기도하다 생각해보니 이건 내가 바라던 비움이었다!

나는 유학을 하면서 이국적인 새로운 풍경에 취해 항상 사진 찍기에 집착했다. 어설픈 표정으로 눈에 보이는 것을 담으려 우리는 서로 찍어주기에 바빴다.

그런데 우리 여행 주제인 사진과 비움이 절묘하게 섞인 결과가 나오다니! 우리 둘은 하느님의 커다란 손길에 감사했다. 나의 작은 소리도 귀담아들으시는 하느님을 나는 외국 땅에서 절실히 느꼈다. 그날 밤 침대에서 우리가 나누던 이야기를 하느님도 듣고 있었다고 생각하니 마음이 따뜻해졌다.

중국에 있는 동안 나는 늘 기도했다. 날씨가 추워서 서럽던 날에는 울면서 부모님께 전화하기도 했지만, 외로움이 사무칠 때는 하느님과 함께 이겨갔다. 그분은 나와 함께 계시니까….

매일 아침 외할머니가 묵주기도하던 풍경이 지금도 포근한 기억으로 남아 있는 **이선희**는 대학 4학년이 된 이제야 그 기도에 얼마나 많은 사랑이 담겨 있었는지 감격했다. 지난 여름방학 홀로 유럽을 여행하며 아일랜드 초원에서 본 그 많은 소가 먹거리로 희생되기 위해 길러진다는 생각에 채식을 시작했는데, 그 후 몸이 가벼워지고 마음도 순수해지는 것 같다. 어려운 이웃에게 태양만큼은 아니더라도 작은 등불같은 도움이 되기를 소망하며, 곧 라오스로 6개월간의 봉사활동을 떠난다.

멋진 자동차 예쁜 여자친구

맹상학 신부

내 삶은 그야말로 그분께서 제작하신 한 편의 드라마라는 생각이 든다. 흐르는 시간의 강물을 연어처럼 거슬러 올라가는 사제의 여정이 마냥 행복하다.

서른 살 무렵 나는 대덕 연구단지에서 연구원으로 일하고 있었다. 멋진 자동차도 있었고, 예쁜 여자친구와 결혼해서 성가정을 꾸리고 살아가리라 마음먹고 있었다.

연구소를 다니면서도 신앙생활과 봉사활동을 참 열심히 했다. 대전 자양동의 복지시설과 판암동의 독거노인과 소년소녀 가장들을 위해 적어도 한 달에 서너 번씩 달려갔다. 벽지를 갈아드리고, 먹을 것을 나누고, 용돈을 드리고, 그리고 말벗도 해 드렸다.

그런데 성가정을 향한 소박한 꿈을 안고 생활하던 중 결혼을 약속했던 여자친구와 이별을 하게 되는 커다란 시련이 닥쳐왔다. 이별의 상처가 너무 컸다. 우울증이 생겨 식욕도 잃고, 불면증으로 날마다 밤을 새우다 보니 신앙생활도 엉망진창이 되었다. 그때의 심정을 한마디로 표현하자면 그냥 죽고 싶은 생각뿐, 아파트에서 뛰어내리고 싶었다.

그렇게 예레미야 예언자처럼 고통에 몸부림치고 있을 때가 마침 판공성사 때였다. 그래도 성사는 보아야 되겠다는 마음 하나로 도룡동 성당에 갔다. 성사를 기다리는 줄은 마치 고속도로의 정체된 차들처럼 길게 늘어서 있었다. 가슴은 그 차 안에 있는 사람의 마음처럼 마냥 답답했다. 마침내 차례가 되어 고해소에 들어갔다.

들어가자마자 마치 재와 연기를 뿜어내는 분노의 활화산처럼 누군지도 모르는 고해 사제를 향해 울부짖기 시작했다.

"나는 하느님을 너무너무 미워하고 저주한다. 그 많은 사람들 중에 왜 하필 나냐. 그렇게 교회에서 봉사하고 성가정 이루면서 착하고 소박하게 살려고 했는데, 왜 하필 나한테 이런 고통을 주시느냐. 그래서 하느님 저주한다." 하고 고백했다.

그렇게 몇십 분을 눈물 콧물 흘리며 울부짖고 나니 고해소에서 신부님이 드디어 말문을 여셨다.

"나도 잘 모르겠다….." 약간의 침묵이 흐른 후에 "이 좁은 인간의 머리로는 잘 모르지만, 하느님께서 형제님에게 좀 더 큰 일을 하시기 위해서 그러셨을 것이라고 믿는다." 그리고 보속으로 요한의 첫째 편지를 읽어보라 했다.

집으로 돌아가서 퉁퉁 부은 눈으로 성경을 펼쳐서 읽어내려가는데, 성경의 이 구절이 내 눈을 사로잡았다.

"여러분은 세상이나 세상에 속한 것들을 사랑하지 마십시오. 세상을 사랑하는 사람에게는 그 마음 속에 아버지를 향한 사랑이 없습니다. 세상에 있는 모든 것, 곧 육체의 쾌락과 눈의 쾌락을 좇는 것이나 재산을 가지고 자랑하는 것은 아버지께로부터 나온 것이 아니고 세상에서 나온 것입니다.

세상도 가고 정욕도 다 지나가지만 하느님의 뜻대로 사는 사람은 영원히 살 것입니다."1요한 2,15-17

내 영혼을 뒤흔든 이 성경 구절은 육신의 쾌락과 세상의 것만을 바라보고 살아온 나를 온전히 하느님을 향해 돌아서게 하였고, 인간의 거룩한 영혼과 가난한 사람들을 바라볼 수 있게 만들어주었다.

바오로 사도처럼 지금까지 편안하게 앉은 채로 즐기면서 살아왔던 삶의 말안장에서 떨어진 다음 해인 1998년 3월, 나는 서른한 살이라는 늦은 나이에 대전신학교에 입학하게 되었다.

7년의 신학생 생활은 2년 동안 청년레지오 활동을 한 번동 성당에서 하였다. 9년이라는 시간은 죽을 만치 고통스러워했던 과거의 기억을 희미하게 만들기에 충분한 시간이었다.

2005년 1월 25일, 마침내 사제 수품하고 소임 받은 첫 임지가 희한하게도 판공성사를 보았던 도룡동 성당이었다. 주임신부님께 미리 인사드리려고 성당에 갔는데, 입구에 경당이 있어 들어가 예수님께 꿇어 기도드렸다.

하느님께서 나에게 베푸신 그 놀라운 은총과 사랑에 한없이 눈물이 흘러내렸고 나중에는 온몸이 떨리기까지 했다. 그리고 얼마 지나지 않아서 머리가 어지러워지기 시작하고 망치로 크게 얻어맞은 듯 굳어버렸다.

내가 기도하고 있던 바로 그 자리는 9년 전 내가 하느님을 미워하고 저주했던 그 경당이었다. 하느님을 미워하고 저주했던 바로 그 자리에 하느님께서는 나를 당신의 거룩한 사제로 만들어 놓으신 것이었다. 그때야 깨달았다. 왜 그런 아픔과 고통을 주셨는지…. 하느님께서는 9년이 지난 다음에야 답을 주셨다.

"하느님께서는 좀 더 좋은 것을 주시기 위해서 그러셨을 것이라고 믿습니다."라는 고해 사제의 말처럼, 하느님께서 이 미천하고 악한 사제에게 베푸시는 사랑이 얼마나 크게 느껴지는지 울고 또 울었다.

사람에게 고통이 없으면 얼마나 좋을까? 하지만 "사람에게 있어서 고통이 없으면 몸만 자라고 영혼은 자라지 않는 식물인간과 같다."는 김수환 추기경의 말씀을 마음에 새겨두면 지금 겪고 있는 고통이 다른 모습으로 다가올 것이며, 그 고통을 통하여 하느님께서는 좀 더 큰 일을 하실 것이다.

하느님께서는 십자가 위에서 고통받는 예수님을 통하여 인류에게 구원을 선물하셨다. 하느님께서는 우리들이 지고 있고, 품고 있는 고통의 십자가 위에 부활이라는 향기로운 꽃을 피워주실 것이다.

바람에 흔들리지 않고 피는 꽃이 없듯이, 고통을 이겨내지 않고 그리스도 향기를 풍기는 사람은 없다. 하느님께서는 고통에 대하여 반드시 답을 주신다.

그러나 그 답은 지금 줄 수도, 아니면 몇 년이 흐른 다음에 줄 수도, 아니면 우리가 하느님 품에 들어가서야 듣게 될 수도 있다. 답을 듣게 되는 그때가 깨달음의 순간이며, 구원의 순간이고, 그리스도께서 우리 안에 임하시는 순간이다. 이 세상의 것에 절대로 얽매이지 않는 부활의 날개를 얻게 되는 은총의 순간이다.

이렇게 고통을 통해 얻게 되는 은총의 순간들이 많아질 때 우리는 이 세상 모든 것들이 하느님께서 자신에게 거저 주시는 선물임을 깨닫게 되어서 매일매일 행복할 것이다.

"마음이 가난한 사람은 행복하다. 하늘나라가 그들의 것이다." 오늘 집으로 돌아오면서 하늘에 펼쳐진 저녁노을을 볼 수 있어서 나는 행복했다.

하느님의 종인 이 미천한 사제에게 오늘 하루도 기쁨으로 살 수 있게 해주신 하느님께 찬미와 감사를 드린다.

'하느님의 착한 목자로 살아보려고 똥줄 타는 신부'라고 자신을 소개하는 **맹상학** 신부는 사람과 사람 사이에 사랑의 물길을 열어주는 '물 같은 신부'로 살고 싶다. 재치 넘치는 유머로 사람들을 연신 웃게 만드는 그는 단 한 사람이라도 미소 짓게 하는 하루가 되기를 기도한다.

50년 만의 만남

오정희 소설가

특별한 일이 없는 한, 나는 거의 매일 저녁 식사 후 '걷는 운동'에 나선다. 묵주기도를 올리며 한적한 길을 걷노라면 마더 데레사의 인터뷰 장면이 떠오르기도 한다.

"수녀님은 주로 어떤 기도를 하십니까?"

좀 생각하시다가 "저는 주로 듣습니다."

"그러면 하느님께서는 어떻게, 무어라고 하십니까?"

"그분도 들으시지요."

50대 중반의 나이에 세례받은 나는 가끔 뒤늦게 가톨릭 신자가 된 연유에 대해 질문을 받는다. 어떤 특별한 종교적 체험이 있었는가 하고 묻는 사람도 있다.

　더러 절집에 드나들고, 말이나 글 속에서 귀동냥으로 얻어들은 불경 구절들을 어설프게 인용하기도 하는 나를 아는 사람들에게는 나의 가톨릭 입교가 좀 의아하기도 할 것이다. 하긴 주일이면 남편과 나란히 미사참례하는 나 자신이 스스로 신기하게 생각될 때도 있으니….

　"종교는 양로원의 의자가 아닙니다."

　오만방자한 일생을 보낸 끝에 어쩔 수 없을 때에 이르러서야 신의 손길을 갈구하며 매달리는 인간의 미욱함과 어리석음을 질타하시던 어느 성직자의 말씀을 떠올리며 슬며시 웃음 짓기도 한다. 나 또한 어쩔 수 없이 노년의 늙음과 고독과 나락에 떨어질 내 영혼이 두렵고 가여워진 것일까.

　하느님을 만나고 느끼기를, 그래서 굳건한 신앙의 토대 위에 삶과 영혼의 집을 짓고자 하는 것은 믿는 이들의 간절한 소망일 것이다. 바오로는 예수 믿는 사람들을 잡기 위해 다마스쿠스로 가던 중, 예수님을 만나 눈에서 비늘이 떨어져 나가면서 새 세상을 살게 되었다. 누군들 그러한 바오로의 체험을 갈망하지 않겠는가.

　그래서 하느님의 존재와 믿음에 확신을 갖게 된 사람들은 언제나 가슴속에서 샘솟는 기쁨과 감사로 다변가가 된다. 그들은 한결같이 하느님을 믿음으로써 얼마나 인생이 달라지고 행복해졌는지에 대해 말한다.

무엇엔가 마음이 가닿거나 소망하게 될 때에는 그만한 이유와 사정이 있는 법이다. 사람들이 갖는 열렬한 소망의 안쪽을 가만히 들여다보면 사람살이의 절실하고 절박한 내력이나 켯속, 저마다 다 다른 고통의 무게와 빛깔이 보여진다. 고통이 소망을 낳고 그 소망이 지향점을 바라보게 하는 것일 게다.

어느 날 갑자기 성당으로 향한 발길이 나 자신에게나 남에게나 조금 생뚱스럽고 의외이긴 하지만 곰곰 되짚어보면 어린 시절 이래 오랫동안 나를 짓눌러왔던 어떤 것들이 긴 세월에 걸쳐 나를 이 길로 이끌어왔고 때에 이르러 어떤 문 앞에 세워놓았던 것이 아니었던가 싶다.

어린 시절 내가 생각한 하느님은 어린이 성경책의 삽화에서처럼 장막 저편, 구름 저편의 낯선 존재였다.

불붙는 떨기나무 숲에서 들려오는 음성, 우레와 벼락으로 사람들을 두려움에 떨게 하던 노여움 많고 질투심 많은 이방인의 신이 '사랑의 하느님'으로 내 삶을 주관하시기까지 50년의 세월이 필요했던 것이다.

나의 50대는 힘들었다. 아이들이 대학진학을 위해 집을 떠나자 생물체로서의 한살이, 의무를 무사히 치러냈다는 안도감과 함께 나 자신의 인생에 대한 진지한 고민이 시작되었다.

가족관계가 생기기 이전, 내가 '나'로서만 살면 됐던 시절로 돌아간 듯한 해방감과 함께 앞으로 살아갈 날들이 살아온 날들보다 비교할 수 없이 짧다는 어떤 절박감에 사로잡히기도 했다.

미래에 대한 막연한 불안과 방황에 사로잡혀 있었으나 결코 포기하지 않았던 꿈과 희망이 있었던 젊은 시절과는 다른, 닫히고 막힌 시간들에 도전해야 한다는 막막한 심정에서 헤어나기 어려웠다.

명백히 늙음과 죽음이 보이는 시간을 살면서 주어진 숙제를 시작도 못 했다는 초조감은 두렵고 당황스러운 것이었다. 의식 없이 하루하루를 살아 한 달이 되고 일 년이 되고 속절없이 회한의 마음으로 죽음을 맞아서는 안 될 것이었다.

생활이라는 명분과 관습과 변명과 타협 속에서 잃고, 잊어버린 진정한 가치와 의미를 찾아 자신을, 자신의 생을 재정립해야 할 것 같았다.

사춘기 이래로 내 괴로움의 태반은 자신과의 불화에 있었다. 열등하고 어리석은 나를 받아들이고 인정하는 일이 그리도 힘들었다. 혹자는 그것을 겸손함이라거나 결벽증이라거나 자신에게 부과한 지나치게 높은 기준점 때문이라고 말하기도 했지만 명백히 그것은 자기 혐오증일 뿐이었다.

자기 혐오증은 당연히 자존감과 자부심, 자신감의 결여로 이어졌으니 그것은 평안한 마음으로 갈등 없이 자연스레 내 밖의 존재를 받아들이고 사랑하는 일에 큰 장애가 되었다. 자기를 사랑하지 않는 자가 어찌 타인을 제대로 사랑할 수 있겠는가.

어느 날, 남편이 내게 지나가는 말처럼 성당에 나가지 않겠느냐고 물었다. 어린 시절 세례를 받았던 남편은 40여 년째 냉담 중이었다. 짚어보니 십 년 전에도 그런 말을 한 적이 있었다.

나날의 전전긍긍 속에서 성장 없이 소모적으로 살아온 듯한 그 십 년간의 세월을 돌아보게 됐다. 또한 별 탈 없이 씩씩하게 살아가는 그의 표출되지 않은 내면의 고독이나 불안감, 영적 변화에의 갈망도 짚어졌다. 그래, 우리에게는 회복과 치유의 시간이 필요한 것이다.

정말 문득 보이지 않는 손길에 이끌리듯 성당을 찾았고 그날부터 예비자를 위한 교리반에 들었다. 교리공부 시간에 수녀님으로부터 들은 한마디 말씀에 갑자기 눈이 화안히 열리던 체험을 잊지 못한다. "우리가 자신을 소중히 여겨야 하는 까닭은 하느님께서 당신의 모습대로 우리를 창조하셨기 때문이다. 우리는 모두 그렇게 귀하고 가치 있고 의미 있는 존재다."

이 말씀은 내 지난 세월의 괴로움을 가로지르며, 나를 옭아매고 있던 사슬을 끊어놓았다.

성경을 읽고 성당에 나가 미사참례를 하면서 어느 결엔가 오랜 세월 나를 괴롭혔던 자신에 대한 경멸감이 스러졌다. 일견 성찰과 반성의 허울을 쓰고 있는 그것들이 얼마나 소모적이고 자기학대에 지나지 않는 것인지, 얼마나 커다란 죄였는지를 깨달았다. 사랑과 용서에 의지하지도, 그것을 받아들이지도 못하는 것은 오만함과 용렬함이 아닌가. 허약하기 때문에, 어리석기 때문에 인간이 아닌가.

수많은 과오에도 불구하고 용서받을 수 있다는 믿음은 얼마나 위안을 주는가. 또한 자신을 버리고 헌신의 삶을 살아가는 성직자들을 보면서 종교와 문학이란 똑같이 타인의 고통에 대해 민감하게 반응하고 함께 아파하는 것이라는 공통점을 깨달음으로써 종교와 문학의 이항대립적 갈등에서 벗어나게 된 것도 감사한 일이었다.

예수님을 믿으면 그의 가르침대로 따라 살아야 하지만 나는 여전히 엿새 동안 죄짓고 하루는 뉘우치는 시정인, 나약한 세속의 사람일 뿐이다.

그러나 살아가는 일이 고통이라는 생각에서 벗어나게 된 것,
내 삶의 나날이 무상으로 주어지는 하느님의 선물이고 기적이
라고 받아들이게 된 것은 나로서는 경천동지驚天動地의 변화인
것이다.

40대까지 경쟁심이나 뭔가 이루어야겠다는 욕망으로 문학에 대한 갈증을 채우다가 어느 날 '내 욕망에 내가
속고 있구나!' 하는 걸 깨달았다는 소설가 **오정희**는 아내로서, 엄마로서, 신앙인으로서 누리는 작은 행복들
이 더 소중하다는 생각에 50이 넘어서부터 주일마다 남편과 손을 붙잡고 성당으로 향한다.

나는 배교자 성인

김대건 신부

　11남매의 맏이로 홀어머니 밑에서 어린 동생들을 뒷바라지하
느라 교육도 제대로 받지 못하셨던 아버지는 경제적인 이유로
수도자의 꿈을 접어야 했던 어머니를 만나 두 분 다 늦은 나이
에 신앙에 의지하며 결혼생활을 시작했다.

　부모님은 첫째 아들은 가문의 대를 잇고, 둘째 아들은 사제가
되기를 바라셨는데 부모님의 그 염원은 둘째인 나의 이름에 고
스란히 담겨있다. 내 이름은 김대건이다. 그 덕분에 나를 처음
만나는 사람들의 반응은 한결같다.

　"어! 우리나라 최초의 신부님과 이름이 같네요. 그런데 세례

명은 왜 안드레아가 아니고, 베드로예요?" 하며 의아해한다. 그럴 때마다 내 출생의 비밀(?)을 알려줘야 했다.

나는 태어난 지 2주 만에 유아세례를 받게 되었는데 당시만 해도 김대건 안드레아 신부님은 복자품에 올라있었기 때문에 부모님은 내 세례명을 '베드로'로 지어주셨다.

이런 집안 분위기에 이끌려 어린 시절 내 꿈은 '천주교 신부'가 되는 것이었지만, 가족 이외에는 아무도 나에게 사제가 되라고 말한 적이 없었다. 그래서인지 커가는 동안 내 꿈은 아련히 잊혀졌고, 어려운 집안에 도움이 될 요량으로 일반대학 건축공학과에 입학했다.

대학 1년을 마치고 국방의 의무를 끝낸 다음 복학을 준비하는 동안 내 삶을 뒤바꾸어놓는 사건이 있었다. "서울에 좋은 아르바이트 자리가 있다."는 외사촌 누나의 말을 믿고 올라갔다가 일확천금을 벌 수 있다는 말에 현혹되어 다단계사업에 빠져들었고 거금을 날렸던 것이다.

돈에 눈이 멀면 올바른 판단을 내리지 못하고 돈의 노예로 전락하고, 결국에는 패가망신한다는 것을 실감했다. 돈을 많이 벌어 출세하겠다는 헛된 욕망 속에서 시간을 허비하고 있는 내 모습을 그제야 발견하게 되었다.

그때 문득 어린 시절 품었던 사제 성소의 꿈을 떠올리며 가난한 사람들과 함께하며 하느님의 사랑을 전하는 사제가 되기 위한 준비를 시작했다.

1998년 신학교에 합격하여 꿈에 그리던 사제 성소의 첫발을 내디뎠다. 동기 신학생들보다 나이가 많았지만 성인 사제가 되기를 희망하면서 열심히 생활했다.

신학교 생활은 내 삶에 많은 변화를 가져다주었다. 자기 중심적인 사고의 틀에서 벗어나지 못하는 철부지였던 나에게 내 삶의 모든 주도권을 하느님께 맡기고 살아가도록 일깨워준 특별한 사건이 있었다.

당시 1학년 끼리 매주 두 번씩 자유토론을 했는데 그날은 내가 '북한선교'를 주제로 발표했고 열띤 토론으로 이어졌다. 마지막에 지도신부님께서 토론을 정리하며 질문을 던졌다.

"죽음을 무릅쓰고라도 지금 북한에 복음을 전하러 가야 한다면, 갈 수 있는 사람은 손들어보세요." 나 외에는 아무도 손을 들지 않았다. 당시 나는 의욕이 너무 앞서서 하느님을 위해서라면 어디든 갈 각오가 되어있었다.

그러나 그날 밤 꿈을 꾸었는데 내가 북한에 선교사로 파견되어 활동하다가 북한군에게 잡혀서 모진 박해를 받았던 것이다.

비록 꿈이었지만 그 고통이 너무나 힘들어서 나는 견디지 못하고 예수님을 버리고 말았다. 내가 얼마나 허약한 사람인지 바로 알게 되었다.

아침 식사 때 꿈 이야기를 했고 그 이야기는 화제가 되어 1학년 전체가 알게 되었다. 그 뒤로 나에게는 '배교자 성인'이라는 별명이 따라붙었고, 작은 실수에도 "배교하는 주제에 뭐는 잘하겠어?"라는 놀림을 받아야 했다.

그렇게 사제직을 향해 차분한 발걸음을 옮기며 신학교 생활을 마칠 즈음 엄청난 시련이 찾아왔다. 사제품을 한 달 남짓 남겨놓고 안면근육이 마비된 것이다. 체력은 급격히 떨어졌고 날이 갈수록 마비증상은 심해졌다.

그런 상황인데도 신부님들은 내가 사제품을 받을 수 있도록 도와주셨다. 종합검진을 통해 '중증 근무력증'이라는 원인을 찾아내고 약물치료를 받았더니 호전되어갔다.

그런데 또다시 가슴이 답답하고 숨쉬기가 힘들어져 병원에 입원해야 했다. 이번에는 '흉선종'이라는 지방 덩어리가 원인이었다. 조직검사결과 악성종양으로 밝혀져 방사선치료를 서른여섯 번이나 받게 되었다.

더구나 치료받는 도중에 체력이 급격히 떨어져 심신이 지친 나는 급기야 중환자실에서 기계 호흡에 의지하며 숨을 쉬고, 코로 관을 통해 영양분을 공급받아야만 했다. 몸도 가누지 못해 간호사들이 대소변을 받아주어야 했으니….

중환자실에서 보낸 그 2주간은 너무나 견디기 힘들어서 유언까지 썼다. 내 입에서는 이런 고통에서 벗어나도록 당신 품으로 데려가 달라는 기도밖에 나오지 않았다.

마치 하루가 천 년처럼 더디게 흘렀다. 그런데 기적적으로 조금씩 건강이 회복되더니 입원한 지 4개월 만에 퇴원할 수 있었다. 지금 돌이켜보아도 그때 그 고통을 어떻게 견뎌낼 수 있었는지….

하느님께서 수많은 신부님, 수녀님, 신자분을 통해 보여주신 사랑과 기도 덕분에, 나는 죽지 않고 살아날 수 있었다고 확신한다. 그러나 그 후유증으로 나는 아직까지 말하는 것이 힘들고 불편하다. 그래도 지금은 상대방이 내 말을 알아들을 정도는 되었으니 기적과 같은 일이다.

이런 시련을 통해 나는 하느님의 은총과 섭리 없이 나 혼자 힘으로는 아무것도 할 수 없다는 걸 절실히 깨달았다. 그리고 수많은 분들을 통해 보여주신 하느님의 사랑에 보답하는 길을 찾기 시작했다.

나에게 주어진 삶의 현장에서 끊임없이 새롭게 하느님을 만나려고 노력하면서, 고통 속에 신음하는 사람들을 위해 내 삶을 온전히 바치려 한다.

동료와 후배들은 힘들 때면 **김대건** 신부를 찾아가 스스럼없이 어려움을 털어놓고 위로받았다고 한다. 신학교 때는 학교 내 쓰레기를 분리수거하여 얻어진 수익금으로 독거노인을 돕는 '넝마' 동아리 활동을 하며 가진 것을 이웃에게 나누는 일이 얼마나 기쁜 일인지 깨달았다. 특히 절망 속에 빠져있는 사람들이 자신의 삶과 체험을 통해서 실낱같은 희망이라도 발견할 수 있길 바란다. "두렵고 떨리는 마음으로필리 2,12" 부제품을 준비하며 늘 하느님 안에서 사제직을 충실히 살아갈 것을 다짐했던 때가 가장 행복했다.

스물다섯,
　잃은 것과 얻은 것

해금강의 북한 안내원

맹상학 신부

이주 사목 식구들과 금강산여행을 떠났다. 처음 가보는 금강산, 북한에 대한 그리움, 그리고 금강산이 지니고 있는 아름다움을 만나러 떠났다. 얼마나 마음이 설레었는지 모른다.

금강산도 그렇지만 북한사람들이 신부인 나를 보고 과연 어떻게 반응할까?

금강산에 다녀온 선배 신부들이 그랬다. 북한 안내원들이 예쁘다고…, 금강산이 더없이 아름답다고. 그리고 북한사람들이 뭐하는 사람이냐 물으면 "문규현 신부님 아냐?"고 물으며 같은 일을 하는 사람이라고 하면 엄청 좋아한다고.

그래서 속으로 '금강산 가면 명찰에 사진도 잘 나왔겠다, 만나는 안내원마다 몹시 반가워하겠구나!' 생각했다.

그러나 예상과 달리 만나는 안내원마다 내 사진을 바라보면서 고개를 갸우뚱한다. 내 얼굴을 보아도 감동하지 않는 것 같았다. 한 잔의 커피나 뭔가 물건을 팔아주는 사람을 좋아한다는 걸 뒤늦게야 알아차렸다. 그래도 친근한 얼굴이어서 좋았다. 그래도 얼굴에 미소가 있어서 좋았다.

마지막 날 '만물상을 올라갈 것이냐, 아니면 해금강을 갈 것이냐.' 하는 선택관광이 있었다. 전날 구룡폭포를 무리하게 올랐는지 무릎이 시큰거리며 아팠다. 그래서 하는 수 없이 해금강을 가기로 했다.

해금강에 도착해 북한땅에 넘실거리는 성스러운 바다를 바라보며 감상에 잠겨있었는데 갑자기 북한 안내원이 다가와서 묻는다. "동무, 가톨릭 사회복지회가 뭡네까?" 그러자 머릿속에서 자동적으로 답이 나왔다. "문규현 신부 압네까?" "아! 압네다." 그래서 속으로 이런 생각을 했다. '아! 이 안내원에게 신부의 삶을 조금 이야기하면 놀라워하든지 아니면 힘든 일 하신다며 존경스럽다는 등등의 말이 날아오리라.'

잠시 후 또 묻는다. "그런데 무슨 일 합네까?" 그래서 기다렸다는 듯이 일목요연하게 이야기를 했다. 가난한 사람들 돕고 봉사하기 위해 평생 장가 안 가고 혼자 사는 사람이 신부라고….

그러자마자 그 사람이 나를 마치 정신 나간 사람 쳐다보듯 하더니 웃으면서 이렇게 소리 지른다. "아! 기~케 어떻게 삽네까? 사람이 본능으로 살아야디…. 여자와 남자가 만나서 잠도 자고 본능으로 살아야지 기케 어떻게 삽네까?"

그래서 내가 신부답게 "기~~케 삽네다. 교회가 하라면 순명해야 하고, 교회법에 그렇게 명시되어 있습니다." 그러자 그 사람이 더 길길이 뛰면서 말한다. "그러면 교회법을 바꿔야디요! 기~케 어떻게 삽네까? 본능으로 살아야디…."

그날 호텔로 돌아오면서 입가에 미소가 떠나지 않았다. 그리고 속으로 읊조렸다. "기~~케 삽니다. 사제도 그리스도인도 사람도 본능적으로 하느님을 그리워하고, 본능적으로 하느님을 사랑하게 되어 있다."고…, "본능적으로 하느님 안에 머물렀을 때 가장 행복하다."고….

이 진리를 알고 있는 사람만이 하느님의 자유를 누릴 수 있을 것이다. "진리가 너희를 자유롭게 하리라."요한 8,32

'하느님의 착한 목자로 살아보려고 똥줄 타는 신부'라고 자신을 소개하는 **맹상학** 신부는 사람과 사람 사이에 사랑의 물길을 열어주는 '물 같은 신부'로 살고 싶다. 재치 넘치는 유머로 사람들을 연신 웃게 만드는 그는 단 한 사람이라도 미소 짓게 하는 하루가 되기를 기도한다.

스물다섯, 잃은 것과 얻은 것

김은선

수술이 끝나고 마취가 풀리자 극심한 고통이 밀려왔다. 누군 가 커다란 망치로 나의 등과 허리를 마구 내려치는 것 같은 고 통에, 입에서는 마른 신음이 저절로 새어나왔다. 숨을 쉬는 것 도 고통스러운 시간이 보름이 넘도록 계속되었다.

그러나 그것은 이후에 겪게 될 아픔에는 견줄 바 없는, 미미 한 통증에 불과했다. 그땐 그래도 '희망'이 있었기 때문에….

다섯 살 때 나의 꿈은 천사였다. 그보다 더 완벽한 꿈은 없었 겠지. 열 살 때 나의 꿈은 미스코리아가 되는 것이었다. 세상에서 내가 제일 예쁘다고 한 아빠의 말이 정말인 줄 알았다. 열다섯 살 때 나의 꿈은 뮤지컬의 여주인공이었다. 춤과 노래만이 나를 행복하게 만들어줄 수 있다고 믿었다.

스무 살 때 나의 꿈은 좋은 어른이 되는 것이었다. 나이를 먹는다고 누구나 어른이 되는 것은 아니라는 것을 깨달았으므로. 그리고 스물다섯, 나의 꿈은 두 다리로 걷는 것이 되었다.

나는 평범한 여대생이었다. 성당에선 3년 동안 주일학교 교사회 활동을 하고 있었다. 봄이 되면 벚꽃 눈을 맞으러 소풍을 나서고, 여름에는 햇살 따가운 캠프장에서 아이들과 소리를 지르며 뛰어다녔다. 가을바람이 불면 교사회 동료들과 성당 마당에 앉아 마음을 나누고, 아이들과 피정을 떠나 뒷동산에 마련된 십자가의 길을 따라 걸으면 겨울이 가고 다시 봄이 찾아왔다.

그러나 어느 날, 왼쪽 발이 내 맘처럼 움직여주지 않는다는 것을 발견한 순간부터 나는 오랫동안 봄을 느낄 수 없었다.

언젠가 새 구두를 장만했는데 이상하게 걸음이 편치 않았다. 걸음걸이는 나날이 비뚤어져갔고, 결국 내가 다리를 절고 있다는 것을 깨달았다.

문제는 나의 왼쪽 발목이었다. 발끝으로 땅을 차고 나가는 힘이 거의 느껴지지 않았다. 그때까지도 그저 근육이나 힘줄의 문

제일 것이라 짐작하며 가벼운 마음으로 병원을 찾았다. 그런데 의사는 나에게 큰 병원으로 가보라고 했고, 그의 권유대로 종합병원에서 정밀 검사를 받았다. 검사결과를 들으러 다시 병원을 찾았을 때, 나는 의사가 하는 말을 알아들을 수 없었다. 아니, 알아듣고 싶지 않았다. 종양이라니….

다리의 근육을 지배하는 척추신경에 종양이 생겨서 내가 제대로 걷지 못하는 것이라 했다. 악성종양이라면 생명을 위협할 수도 있으니 조직검사를 해야 한다고 했다.

조직검사를 위한 수술이 잘못되면 하반신 마비가 올 수 있다는 무서운 경고는 의미가 없었다. 운이 좋으면 종양을 제거할 수도 있을 것이고 그러면 전처럼 뛰어다닐 수 있을 것이라는 의사의 말에 나의 모든 희망을 걸었다.

조직검사 결과 다행히 종양은 악성이 아니었다. 그러나 수술이 끝난 뒤 나의 양쪽 발목은 힘없이 늘어지고 말았다. 수술 전과는 비교도 안 될 정도로 상태가 악화되고 만 것이다. 조금만 걸어도 온몸에서 땀이 비 오듯 쏟아지고, 체온이 비정상적으로 올라 울긋불긋한 열꽃이 피부를 덮었다. 절름거리는 정도는 더 심해졌고, 나는 그야말로 '절름발이'가 되어있었다.

나는 눈물을 참았다. 다 자란 딸이 어느 순간 장애인이 되어

버리는 과정을 지켜봐야 하는 부모님과 황망한 눈빛으로 나에게 건넬 적당한 말을 찾느라 애쓰는 친구들을 강하고 밝은 모습으로 대하고 싶었다.

하지만 그 누구에게도 보일 수 없는 가슴 깊은 곳에는 어둡고 무서운 생각들이 뭉클거리고 있었다. 내 걷는 모양을 흘낏거리는 사람들에게 돌을 던지고 싶었다. 밝은 낮이 진저리치게 미웠다. 차라리 밤중에 비틀거리는 취객으로 보이는 것이 마음 편했다. 학교는 가까스로 졸업했지만 나는 성당을 떠났다.

내가 하느님을 얼마나 사랑하고 믿고 의지했는지 정말 모르느냐고 따져 묻고 싶었다. 이렇게 가혹한 벌을 받을 만한 이유가 내겐 없다고, 불구의 몸으로는 세상을 살지 않을 거라고 마음속으로 하느님을 협박하며 깊은 밤 베개에 얼굴을 묻고 서럽게 흐느끼곤 했다.

그러나 하느님은 나를 원망의 늪에 두지 않으셨다. 나는 오래지 않아 살고 싶다는 마음으로 기도하기 시작했다. 나에게 건강한 육체가 허락되지 않는다면, 누구보다 건강한 마음을 달라고. 눈물로 베개를 적시던 시간에 두 손을 모으고 주님 앞에 무릎 꿇었다.

나의 기도가 쌓여가면서 나는 전에 없던 새로운 감각이 생겨

나는 것을 느꼈다. 나를 사랑하는 사람들이 곁에 있음을 그제야 느낄 수 있었다.

엄마, 아빠, 동생, 친구들, 그리고 내가 두 발로 힘차게 걸어 다닐 때도, 휠체어에 의지해야 하는 순간이 왔을 때도, 변함없이 내 곁을 지켜준 나의 남자친구. 하느님은 나의 다리를 돌려주는 대신 다시 얻을 수 없는 소중한 사람들을 한 걸음 더 가까운 곳에 서게 하셨다. 그리고 그들과 함께 내 곁으로 오셨다.

사랑한다. 힘내라. 용기 잃으면 안 된다. 포기하면 안 된다. 무너지는 가슴을 추스르고 나를 일으켜 세우는, 그들의 소리 없는 응원이 들려왔다. 하느님은 나에게 행복을 발견하는 방법을 가르쳐주셨다. 내게 남은 모든 것에 감사하고 그로 인해 내 가슴은 언제나 행복으로 가득 차 찰랑거린다. 매주 남자친구와 함께하는 미사 시간엔 알 수 없는 기쁨이 솟아난다.

나는 가끔 내 친구들에게 이야기한다. 더운 여름, 작은 구멍가게에서 음료수를 사 먹는 일, 정거장을 지나치는 버스를 따라 달리는 일, 급한 순간 어느 건물이든 화장실을 찾아 뛰어드는 일, 등 뒤로 살금살금 다가가 친구를 놀라게 하는 일 따위가 얼마나 행복하고 신나는 일인지 알아채길 바란다고….

누군가 나에게 다가와 건강한 다리를 줄 테니 지금 누리고 있는 행복과 바꾸자고 한다면, 나는 분명하게 말할 것이다. 내가 가진 소중한 행복과 바꿀 수 있는 것은 아무것도 없다고….

웃으면 행복해진다는 굳은 믿음을 가지고 사는 **김은선**은 천연재료를 이용한 수제비누를 만드는 것이 취미다. 자신이 만든 비누로 피부가 보들보들해졌다는 이야기를 들으면 기분이 너무 좋다. 글 속에 나오는 남자친구는 이제 남편이 되었다.

너 떼쓰러 왔지?

정인준 신부

첫 영성체를 하고 복사를 서게 되었다. 우리를 사랑으로 대해 주시는 아일랜드 출신의 본당신부님들을 보면서 신부가 되겠다는 마음이 싹텄다.

그런데 어머니는 신학교 가는 걸 한사코 반대했다. 누나도 자신이 수도원에 들어갈 테니 "외아들인 네가 양보해야지." 하며 나를 회유했다. 마음속에서는 사제가 되고 싶은 열망이 점점 더 커졌지만 할 수 없이 그림의 소질을 살려 미대를 가려고 마음먹었다. 미술 선생님도 나를 격려해주셨다.

고등학생이 되어 대학입시가 얼마 남지 않은 어느 날, 미술실에서 난로를 쬐며 천주교를 알 턱 없는 미술 선생님에게 사제가 되고 싶었던 심정을 털어놓았다. 선생님이 워낙 잘 대해주셔서 마음이 열렸나 보다. 그런데 다음날 선생님이 서울 가톨릭대학교 입학원서를 나에게 내미시는 게 아닌가. 그때까지 몰랐는데 미술 선생님은 냉담 중인 가톨릭 신자였다.

선생님은 "다른 것은 몰라도 사제가 되는 것은 인간의 뜻이 아니라 하느님의 뜻이다. 그러니 전기에 신학교 시험을 보고, 안 되면 후기로 미술대학 시험을 봐라." 하셨다.

하도 집에서 반대를 해 말도 꺼내보지 못하던 처지였는데 생각지도 못한 후원에 용기가 생겼다. 누나는 어렵사리 설득했지만 어떻게 어머니의 허락을 얻어내느냐가 걱정이었다.

정년퇴직을 하고 잠시 시골에 내려가 계신 어머니를 만나러 버스를 몇 번 갈아타고 갔는데 어떻게 갔는지 기억이 나지 않을 정도였다.

어머니가 머무는 집을 찾아 들어서는데 마침 문을 열고 나오던 어머니가 나를 보자마자 대뜸 "너 신학교 가겠다고 떼쓰러 왔지?" 하셨다. 막상 어떻게 대답할지 몰라 망설이자 "그래, 신학교 가라. 그 고집 누가 꺾겠냐?"며 눈물을 훔치셨다.

어리둥절해하는 내게 어머니는 놀라운 사실을 알려주었다.

그날 아침 미사 때, 영성체 후 묵상을 하는데 제대 쪽에서 천둥소리 같은 아주 큰 음성이 들려 앞을 바라보니 제대 중앙의 큰 십자가에서 빛이 나면서 "네 아들 가는 길을 막지 마라!" 하더라는 것이다.

너무 놀라 주위를 살펴봤지만 사람들은 아무것도 모르는 듯했단다. 어머니는 직감적으로 당신만 들은 음성임을 깨닫고 두려움이 가득했다고 했다. 그리고 아들이 온 것을 보고 어머니는 더욱 놀라셨다. 이 일은 오랜 세월 어머니와 나만 알고 있었다.

그렇게 어머니의 허락을 받았지만 막상 신학교 입학 수속을 하려니 산 넘어 산이었다. 너무 늦게 지원하는 바람에 마감 시간이 촉박했다. 늘 다정히 대해주던 본당신부님도 당황해 하며 허락을 망설이셨다. 그러나 나의 굳은 마음을 아시자 지체하지 않고 서류를 작성해주셨다.

요즘 같으면 어림 반 푼 없는 일이겠지만 모든 것이 초고속으로 진행되어 교구청에 서류를 제출했는데 다행히 주교님 허락도 받았다. 그러나 접수 마감시한을 넘기는 바람에 주교님께서 서울 신학교로 직접 가서 접수하셨다는 이야기를 후에 전해 들었다.

서울 친척 집에 머물면서 혜화동 가톨릭대학에서 학과, 교리,

면접시험을 치렀다. 면접 때, 거구의 신부님이 "입학해서 열심히 공부해야 한다."고 하시는 바람에 나는 합격한 줄로 알았는데 다음날 교무과 앞에 일렬로 길게 붙은 합격자 명단에 아무리 찾아도 내 번호가 없었다.

'떨어졌구나!' 생각하니 눈물이 핑 돌았다. 우두커니 서 있는데 교무과 선생님이 급히 나와 맨 끝줄에 숫자를 적은 종이를 덧붙이는데…. 가서 보니 내 번호가 아닌가.

교무주임이 사과하며 이유를 설명했다. 접수 마감이 훨씬 지나서 오신 지학순 주교님께서 "이 학생 꼭 시험 보게 하라."고 하셔서서 규정을 말씀드렸더니 '막 호통을 치셨다.'는 것이다. 마감 시간을 넘겼으니 입학은 사실상 불가능했던 것이다.

그렇게 간신히 합격하여 시작한 신학교 생활은 촌놈에게는 신기하기도 했지만 너무 좋았다. 심지어 접시에 밥을 먹는 것만으로도 신이 났다.

그런데 면접 때의 그 거구 신부님은 너무나 무섭고 엄해서 그분의 라틴어 수업시간은 지옥 같았다. 어려운 것도 어려운 것이지만 어찌나 야단을 치시던지 정신을 차릴 수 없었다.

신부님은 수업도 철저하게 하셨고 숙제도 많아 숙제만 하기도 바빴다. 하지만 후에 성경을 공부하는 데 큰 도움이 되었다.

공부가 힘들어서 그렇지 신학교 생활은 늘 설렘과 새로움으로 다가왔다.

하지만 방학 때 집에 가면 어머니는 "그만큼 공부했으면 되었지, 신학교 그만둬라" 하며 매번 아들을 꼬드겼다.

지금도 어머니의 단골 메뉴가 생각난다. "아랫마을에 아무개 있지? 그 아이가 어려서부터 너를 좋아했잖아. 이제는 그 아이도 어엿한 아가씨가 되었어. 그 부모도 너를 사위 삼고 싶어하더라." 하며 연중행사처럼 신학교로 돌아가는 것을 반대했다. 나는 그때 그런 말씀이 참 싫었다.

그런데 내게도 한 가지 걸리는 게 있었다. 천성적으로 말수가 적은 데다 설교학 시간에 동료들 앞에 나가 발표하는 것이 그렇게 힘들 수가 없었다. '이렇게 말도 못하는 주제에 사제가 되면 얼마나 남에게 짐이 될까.' 하는 불안감에 학교생활이 시들해지기 시작했다.

그럭저럭 학기를 마치고 집으로 내려온 어느 해, 아무래도 신학교와 작별해야 되겠다는 생각이 들었다. 사제가 되는 것은 아무래도 내 욕심이고 내 자만이라는 결론에 도달했다. 그즈음 절친했던 동료신학생이 군에 갔다가 눈을 다쳐 신학교를 그만두는 일이 생겨 충격도 컸다.

나도 신학교를 접어야겠다는 생각에 방학이 끝날 무렵 어머니에게 뜻을 비쳤다. 아무래도 말을 너무 못해 교회에 짐이 될 것 같다는 이유도 곁들였다. 늘 나를 꼬드기던 어머니인지라 무척 좋아하실 거라 생각했다. 그런데 말없이 눈물만 흘리더니 "그동안 하루도 빠지지 않고 성모님께 기도했는데 소용이 없는가 보다." 하며 뜻밖의 말씀을 했다.

'말을 잘 못하는 아들이 흔들림 없이 신학교 생활을 잘해나가고, 남들이 알아들을 수 있게 강론을 잘하도록 도와주십시오.' 하고 기도했다는 것이다. '그동안 하루도 빠지지 않고'라는 한마디가 칼처럼 가슴에 꽂혀 생각을 바꾸고 신학교로 돌아왔다.

한 선배의 도움으로 다른 신학생들과 함께 'G.R.I'라는 단기 언어훈련을 받았다. 그 코스는 삶의 좌표가 될 만큼 많은 것을 깨우쳐 주었다. '말은 기교가 아니라 그 사람의 철학과 신념이 담긴 표현'이라는 가르침이 지금도 새롭다.

부제품을 앞둔 어느 날 어머니가 "독신으로 사는 것이 정말 힘든데 괜찮겠느냐."고 진지하게 물으셨다. 어머니 앞에서 시험을 보는 기분이었다. 다른 때와 달리 엄한 모습이었다. 나는 논술고사 보듯 이렇게 대답을 했다.

"어머니는 아버지를 여의시고 재혼의 기회도 마다하고 한결같이 우리 남매를 위해 희생하셨습니다. 그리고 혼자 되셨는데도 흐트러진 적이 없으셨습니다. 결혼이 무엇인지 모르는 저이기에 독신을 지키는 것이 어렵지 않다고 생각합니다. 그리고 어머니를 보아서라도 흔들림이 없을 것입니다."

그제야 어머니는 속마음을 털어놓으셨다. 내가 젊은 혈기에 우쭐대고 신학교를 가는 것은 아닌지 항상 걱정했다며 "네 결심이 그러하니 앞으로는 학교 그만두라는 말도 안 하겠다. 오로지 한 곳만 가겠다고 어미와 약속하라."고 했다. 나는 어머니 말씀이 고마워 덥석 약속을 했다. 그 길이 얼마나 힘든지도 모르고….

하느님께서는 기묘한 방법으로 당신의 길을 보여주시고 당신의 길로 이끌어주심을 사제생활을 통해 더욱 깨우치게 된다.

돌아가시기 전 어머니가 성모님께 의탁하는 기도를 하는 것을 종종 뵈었다. 그 아들도 막차를 탄 '꼴찌'임을 잊지 않게 해 달라고 늘 주님께 기도하며 성모님 사랑 안에서 열심히 기쁘게 살아가려고 노력하고 있다.

*성탄 때 추운 제대에서 복사를 서고 나서 수녀님이 만든 떡국을 나누어 먹던 때가 참 행복했다는 **정인준** 신부는 어린 시절 골롬반 선교사 신부가 성당을 지으면서 직접 질통을 메고 일하는 모습에 감동받고, 고등학생 때 지학순 주교의 정의구현에 대한 힘있는 강론에 반해 사제의 꿈을 키웠다.*
이제는 다 늙었지만 그때 그 복사들이 모이면 지금도 시간 가는 줄 모르고 옛날 이야기를 나눈다. 한번 한 약속은 답답할 정도로 잘 지킨다는 소리를 듣는 '강원도 촌놈'이다.

아이들의 새벽 방문

조영대 회사원

"신부님, 주보에 방 구한다는 광고 좀 낼 수 있을까요?"

영어공부를 위해 호주에 온 지 세 달째, 가지고 온 돈은 떨어져 가고, 일자리도 못 구했는데 방을 **빼**라는 주인의 불벼락 같은 통보.

어디 기댈 곳이 없나 고민하다가 외국에서 왔다고 늘 신경 써주시는 신부님이 떠올라 무작정 사제관으로 달려갔다. 더듬거리는 영어로 상황을 설명하자 신부님은 주보에 낼 광고문구를 직접 만들고 추천인으로 신부님 이름까지 적어주셨다.

이 주보광고를 통해 만난 잭과 안젤라 가족. 아이를 주님의 축복으로 여겨 넷이나 키우고 있었는데 아이들이 어릴 때 외국인과 살아보는 것은 좋은 추억이라며 그냥 들어와 살라는 파격적 제의였다. 속으로는 뛸 듯이 기뻤지만, 음식값 정도 부담하고 틈나는 대로 아이들도 돌보고 가사일도 돕겠다는 조건으로 들어갔다.

그 집에 들어간 첫날 새벽 다섯 시. 부스럭거리는 소리에 눈을 뜨자 문 앞에 다섯 살배기 개구쟁이 미키가 갓 돌이 지난 동생 데이브를 데리고 유난히 파란 눈을 반짝이며 나를 빤히 쳐다보고 있다.

들어오라 손짓하자 전쟁터에서 이기고 돌아오는 군인인 양 동생과 함께 내 침대에 기어올라와 팔짝팔짝 뛰기 시작한다. 금발에 푸른 눈의 아이들이 해맑게 까르르 웃는 모습은 전날의 그 어떤 피로도 날려버리기에 충분했다. 그날 이후 아이들의 방문은 내가 한국으로 돌아오는 날까지 계속되었다.

주급을 받는 날이면 딸기 케이크 하나와 와인 한 병을 사들고 집으로 돌아갔다. 해질녘 석양을 뒤로 한 채 케이크와 와인을 들고 들어서면 저녁을 먹던 네 아이들이 누가 먼저랄 것도 없이 소리를 지르며 뛰어나온다.

내가 반가운 것인지, 아님 케이크 때문인지…. 아무렴 어떠

랴, 아이들의 좋아하는 모습이 참 좋았다. 그 아이들 뒤로 빙그레 웃고 있는 잭과 안젤라의 여유 있는 모습.

저녁식사 후 일곱 시. 온 가족이 촛불 주위로 모여 저녁기도를 시작한다. 주님의 기도, 성모송, 영광송을 함께 바치고는 초등학교 3학년인 첫째 크리스부터 브리짓, 미키 순으로 하루 중 어떤 일이 가장 감사했는지 기도한다.

미키와 하루 종일 열심히 놀아준 날이면 미키는 늘 기도 중에 "Thank you God for good friend Tho…하느님, 좋은 친구 토…를 보내주셔서 감사합니다."라고 한마디 보태곤 한다.

아직 말이 서툴러 내 세례명 '토마스'를 다 발음하지 못하고 늘 "토~"라고만 불렀다. 언제쯤 이 말썽꾸러기에게서 내 이름을 제대로 들을 수 있을까?

귀국을 앞두고 한 달 동안 호주대륙을 여행하고 까매진 얼굴로 돌아오자 모래더미에서 놀고 있던 미키가 맨발로 뛰어나온다. 평소에는 나만 보면 괴롭히던 녀석이 큰 눈에 눈물이 그렁그렁 맺힌 채 달려든다.

그날 저녁 잭과 안젤라가 미키에게 내 이름을 불러보라고 하자 미키는 시험 보는 아이 마냥 내 눈을 빤히 쳐다보면서 천천히 "토…마…스" 하고 완벽하게 발음해내는 게 아닌가!

내 귀국선물로 엄마 아빠가 저녁마다 연습을 시켰단다. 그 말썽꾸러기가 그때처럼 예뻐 보인 날도 없었다.

귀국하는 날 공항에서 잭에게 나도 당신처럼 좋은 아빠, 좋은 남편이 되고 싶다고 말하자 잭은 "너도 나처럼 좋은 아내와 좋은 아이들을 만나면 돼…."라며 내 어깨를 두드린다.

세상에서 가장 아름답게 보이는 것이 천국의 모습이라면 이 가족의 소소한 그리고 가끔은 시끄러운 일상이 바로 천국이 아닐까?

지금도 그날들을 생각하면 배시시 입가에 미소가 번진다. 작년 가을, 여섯 번째 아이가 건강하게 태어났다는 메일이 왔다.

연애 시절, 약속 시간보다 한 시간 일찍 나가 지금의 아내에게 편지를 써서 건네곤 했던 **조영대**는 뾰로통해 있는 모습이 귀여웠던 아내와 만난 지 99일 만에 결혼했다. 성공 가도를 달릴 때에도 세상일에 실패했을 때에도 변함없이 함께해줄 것 같아서였다. 집 문을 열면 아들 준호가 환성을 지르고 엄마가 먹던 과일까지 빼앗아 건네주며 환영하는데, 세상에 이보다 더 큰 선물이 있을까 싶다. 연애도 신혼도 짧아 늘 아쉬워하는 아내를 위해 아이가 좀 더 크면 단둘이 떠나는 여행을 계획하고 있다.

말 탄 신부님과 산 허문 아버지1

나는 1920년 강원도 홍천 송정리 작은 시골 마을에서 태어났다. 내 어릴 적의 아버지는 너무 엄격하시고 무섭게만 여겨져서 나는 아버지 앞에서는 늘 기를 펴지 못하고 움츠리고 자라난 것 같다.

아버지는 신교육도 안 받으셨지만 남들보다 일찍 깨인 분으로 기억된다. 완고한 가정 분위기에서도 제일 먼저 상투를 잘라 버려 할머니가 땅을 치며 통곡을 하셨다고 한다.

그리고 드넓은 네 칸 대청마루에 2층을 올려 그 당시 시골 마을에는 꽤나 어울리지 않는 혁신적인(?) 건물을 만들어 할머니의 격노를 사기도 했단다.

읍내 사람들도 하기 어려운 서울 왕래를 해마다 몇 번씩 하시며 진귀한 물건들을 사오셨는데, 재봉틀이며 유성기 같은 물건들을 처음 본 사람들이 무슨 요술 상자나 보는 듯 떼 지어 일삼아 구경 오는 바람에 그 뒤치다꺼리하느라 어머니만 고역을 치르셨다. 멀리 사는 사람들에게는 아버지가 친히 자전거 뒤에 유성기를 싣고 가서 노랫소리를 들려주셨다고 하니 활달하고 도량이 넓은 분이셨던 것 같다.

내가 어렸을 때는 홍천 읍내에도 없는 공소가 송정리에 있었다. 일 년에 한 번 판공 때만 오시는 춘천의 본당신부님은 몸집이 육중하셨는데, 허연 수염을 날리며 커다란 말을 타고 오셨다. 집안의 친척되는 신부님인데도 어린 내게는 무척 무섭고도 신기하게 비춰졌다. 가끔 코담배를 즐기셨는데 그때는 그게 무언지도 모르고 어른들 등 뒤에 숨어 담뱃가루 사용하시기만 고대하며 지켜보곤 했던 기억이 있다.

한 40호 남짓 되는 송정리 공소의 초대 신부님은 작고하신 대전교구 황 주교님의 백부인 할아버지 신부님이었다. 그분 역시 엄하고 무서우셨는데 뭔가 잘못을 저지른 젊은 청년 교우를 마을 노인들이 모두 정좌해 있는 자리에서 손수 회초리로 벌주시던 두려운 장면이 생각난다.

일요일이면 높은 성당언덕에 지켜서계셨다가 쟁기 들고 일 나가는 교우들이 눈에 띄면 달려 내려가 호통을 치시곤 했다. 또 아이들 있는 집에는 부모들이 아이들의 교리지도를 하는지 기도생활을 하는지 일일이 암행어사처럼 살피셨다.

그때 신자들은 신부님의 말씀이 곧 하느님의 가르침이라고 여기고 따랐으니 그런 토양에서 장차 여러 사제들과 주교님까지 나오게 된 건 어쩌면 당연한 일이다.

그러다가 내 나이 일곱 살 때 홍천 읍내로 이사 나오게 되었다. 친지들과 소꿉친구들을 떠나 낯선 곳으로 오니 고향 마을 생각에 쓸쓸하기만 했다. 열 살이나 많은 오빠는 너무 어렵기만 했고, 집안에서 혼자 외롭게 큰 셈이었으니 고향 친구들이 없는 읍내는 참으로 견디기 어려웠다.

아버지는 읍내에서 제일 큰 여관을 지으신다고 큰 공사를 벌이셨는데 중국인 목수가 내 또래 남자아이를 매일 데리고 나왔다. 그 아이는 읍내에서 만난 첫 번째이자 유일한 친구였다.

그 애가 점심으로 싸오는 중국빵이 어찌나 맛있어 보이던지 과자며 사탕을 잔뜩 주고 감질나게 조금씩 얻어먹었다. 우리는 그 애 아빠가 일 마칠 때까지 양지쪽에 앉아 하루를 재미있게 보내곤 했다. 그래도 고향마을이 그리웠다. 일요일만 되면 달려 가는 성당 마을, 친구들과 만나 웃고 떠들다 보면 정말 집에 오 기 싫었다.

해가 바뀌어 아버지가 지은 큰 2층 건물이 읍내 한복판에 우 뚝 섰다. 여관이 문을 여니 화려해 보이는 낯선 손님들로 늘 북 적대는 것이 어린 나에게는 신기한 구경거리였다.

소학교에 들어가 새로운 친구들을 만나고 매일 공부하는 것 또한 큰 즐거움이었다. 새 학기가 되면 선생님은 우리들을 앞세 우고 집집마다 방문하여 학생모집을 하느라 고생이 심했다.

부모들은 계집아이들을 어찌 함부로 내돌려 남자아이들과 같 이 팔 벌리고 운동하게 하느냐고 막무가내였다. 새삼 나를 학교 에 보내준 아버지가 훌륭하게 생각됐다.

하지만 철없던 소학교 시절은 지나가고 나에게도 답답한 앞 날이 기다리고 있었다. 군수니 면장이니 다른 부잣집 딸들은 서 울로 춘천으로 여학교에 가는데, 아버지는 머리 큰 딸년을 객지 로 내돌릴 수 없다고 하셨다. 방학이면 여학교 교복을 입은 친 구들이 의기양양한 모습으로 나타나 열네 살 내 속을 뒤흔들어 놓고 가곤 했다.

아버지는 여관 건축을 끝내자마자 읍내가 바라다보이는 전망 좋은 동산을 구입하여 그곳에 성당을 세우신다며 매일 새벽 연장들을 손수레에 싣고 올라가 터를 닦기 시작하셨다.

산을 허물고 큰 나무는 잘라내고 그 뿌리를 캐내는 고된 작업을 끝도 없이 매일 반복하셨다. 손바닥은 빨갛게 부풀어 오르고 옷은 흙투성이가 되어 시장기에 탈진 상태로 내려오시니 뵙기도 민망했다.

아버지의 외로운 투쟁의 나날이 얼마나 흘렀을까…. 마침내 번듯하고 넓은 성당 터가 모습을 드러냈다. 밤나무 많은 그곳 언덕에 가족 모두가 밤 털러 올라가 풋밤 맛도 보고 아버지의 땀방울로 이루어진 넓은 벌판을 바라보며 감격스러워했다. 금방이라도 훌륭한 성당이 들어설 것 같았다. 하지만 아직 더 많은 고난과 수고와 시간이 필요했다.

그 당시 본당신부님은 조용한 성품으로 아버지와는 의견이 잘 맞지 않는 것 같았다. 분주히 서울 주교님을 찾아 오르내리며 성당건립을 추진하던 아버지는 별 소득 없이 허송세월만 하셨다.

그 뒤로 심재덕 말구마르코 신부님이 부임하시면서 성당 짓는 일이 진척을 보이기 시작했다. 새로 신품 받으신 훤칠하고 활달한 30대의 젊은 신부님은 곧바로 성당신축에 뛰어드셨다. 아버지는 힘든 일이건 쉬운 일이건 닥치는 대로 매달리며 인부들 새 참까지 손수 챙기느라 밤낮이 없으셨다.

그렇게 일 년이 더 지나고 아버지의 소망대로 읍내가 훤히 내려다보이는 언덕 위에 성당이 우뚝 세워졌다. 지금 보면 조그마한 강당에 불과하겠지만 그때 우리에게는 충분히 크고 웅장한 건물이었다. 그때의 감격과 감사한 마음을 어찌 말로 다 할 수 있을까.

읍내 각 기관장들도 초대하여 축성식을 베풀고 떡과 국수 잔치가 끝난 다음 신부님은 제대 앞에서 감실부터 시작하여 모든 성물들을 하나하나 들어 보이며 설명하셨다.

착용하고 계신 수단이며, 미사 예복인 제의며, 장백의들의 쓰임새와 뜻도 소개해주셨다. 신학생 티를 갓 벗은 젊은 사제가 많은 귀빈들 앞에서 보여준 당당하고 멋진 모습에 마음속으로 탄복을 금치 못했다.

말 탄 신부님과 산 허문 아버지2

일제시대 말기의 홍천 성당과 아버지를 회상해보면 그 시대의 고통을 고스란히 다 겪은 감이 든다. 총독부에서는 각 지방 성당의 외국인 신부님들을 스파이라는 명목으로 모두 잡아들여 하필 이곳 홍천 성당에 수용했다.

모두 열세 분이었는데 이곳의 두 신부님도 함께 죄인취급을 하며 형사들이 감시하는 사실상 구금생활이 시작되었다. 일반인도 배급식량으로 겨우 연명하던 시절이니 구금생활을 하는 신부님들의 식량이라고 해봐야 주로 강냉이가루나 밀기울 같은 험한 양식뿐이었다.

가끔 식사 대접을 할 때도 있지만 그것도 자주 해 드릴 형편이 못되니 급기야 아버지는 쌀자루를 들고 교우들 집집마다 찾아다니며 양식을 모으고, 과일 철이면 과일나무를 찾아 거두어들여 신부님들께 드리곤 했다. 양조장 하는 친구분에게 부탁하여 신 막걸리라도 한 말 지고 올라가시면 그렇게 단 꿀처럼 즐기시더라고 했다.

그 와중에 두 신부님이 병환이 났는데 한 분은 위급한 상태가 되셨다. 아버지는 약을 구할 길이 없자 백방으로 수소문하여 겨우 짐 트럭을 타고 서울로 가셨다.

주교관과 성모병원에 들러 약을 구해 새벽 2시가 넘어 돌아오신 아버지는 오빠의 만류에도 불구하고 한사코 성당으로 뛰어가셨다. 결국 미행하던 형사에게 붙잡혀 구속되고 말았다. 아버지가 스파이들의 연락책으로 보였을 것이다.

아버지가 주재소로 끌려가신 지 일주일 후 성모승천 대축일을 맞이하여 시골에서 올라온 교우들, 읍내 교우들, 여러 신부님들이 모두 애통한 마음으로 미사를 봉헌하였다. 미사 끝에 신부님께서 목멘 음성으로 회장님을 위하여 묵주기도를 하자 하셔서 모두들 정성된 마음으로 묵주기도를 올렸다.

신부님은 오늘 같은 영광스러운 축일에 어찌 성모님께서 우리의 간청을 안 들어주시겠느냐며 분명 좋은 소식이 있을 거라고 우리를 위로해주셨다. 우리 식구들 모두 무거운 침묵에 싸여 집으로 돌아왔을 때 갑작스러운 전화벨 소리가 들렸다. 주재소에서 아버지의 석방을 알리는 전화였다.

모두들 환성과 흥분 속에 남자들은 주재소로, 여자들은 부엌으로 달려갔다. 양쪽으로 남자들의 부축을 받으며 들어오시는 아버지의 모습에서 그동안 받으신 혹독한 시련이 고스란히 나타나 모두들 눈물만 흘리고 제대로 뵙지를 못하였다. 그날 환희와 기쁨 속에서 하루가 거의 저물었을 때에야 우리는 해방되었다는 소식을 들었다.

신부님들까지 껑충껑충 뛰시며 기뻐하는 모습에 절로 웃음이 나왔다. 그런데 위중하셨던 신부님께서는 결국 선종하셨고 타지에서 돌아가신 신부님의 장례미사를 치르며 아버지는 몹시 마음 쓰려 하셨다. 신부님들은 각자 당신들 본당으로 한 분 두 분 떠나셨다.

어느 날 오후 아버지가 이상한 한 떼의 사람들을 데리고 들어오셨다. 머리를 박박 깎은 여자들, 긴 머리에 완전히 거지 몰골의 남자들, 어린아이들…. 알고 보니 쫓겨 가는 일본 사람들이었다. 20명도 넘는 그들은 강릉에서부터 걸어왔다고 했다.

그때는 누구나 일본인들을 학대하며 보복하던 때라 남의 눈총 받는 일이건만, 아버지는 빨리 저녁밥을 준비하고 묵어가게 하라고 하셨다. 하룻밤 편히 쉬고 다음 날 아침 식사를 마친 그들은 눈물까지 흘리며 작별인사를 하고 떠났다.

그 후에도 아버지는 하나 둘 씩 깡통 든 고아나 쫓겨 가는 일본인들을 데려오셨다. 거지꼴을 한 이들이 북적대니 막상 여관의 진짜 손님들은 도망가버리기 일쑤였다.

6·25가 터졌다. 재산이라고는 여관 건물 하나뿐, 모아둔 돈도 없어 빈손으로 피난길에 올랐다. 피난민들은 길옆 옥수수, 감자밭을 파헤치며 함부로 양식을 구했지만 아버지는 어떻게라도 밭주인을 찾아 감자를 사오셨다. 중풍을 앓으시는 어머니를 모시고 아이들을 끌고 걷다 쉬고 또 걷는 수난의 길이었다.

고생 끝에 대구 비산동 성당까지 갔다. 노 신부님께서 반겨 주시며 거실을 내주셨다. 아버지는 어딜 가시나 일거리를 잘도 찾으셨다. 잠시 쉴 새도 없이 벌써 성당의 큰 나무들을 가지치기하여 땔감을 만들어 사제관에 쌓아놓으시는가 하면, 시내의 수녀원을 찾아가 매일 일을 도와주시고 오실 때는 간식거리까지 푸짐하게 선물로 받아오셨다.

덕분에 피난지에서도 생활 걱정 없이 잘 지내다 고향 땅으로 수복하였다. 집에 와보니 큰 여관집은 잿더미로 변해있었고 아버지의 피땀 어린 성당건물도 흔적만 남아있었다.

6·25가 끝나자 성당은 없어졌지만 젊고 패기 있는 최동오 신부님께서 부임해오셔서 성당 언덕 아래 남아있는 한옥의 대청마루에 제대를 갖추어놓고 미사를 드렸다. 피난 갔던 신자들이 점점 고향으로 찾아드니 주일에는 마당에 서서 미사를 올릴 수밖에 없었다.

얼마 후 북으로 끌려가 생사도 몰랐던 춘천의 구 토마스 주교님과 우리 본당의 조 신부님이 혹독한 수난과 고통 끝에 풀려나 조 신부님께서 본당신부로 계시게 되었다. 조 신부님은 배고픈 사람들을 위해 벽돌을 쌓아올려 커다란 가마솥을 두 개나 걸고 매일 옥수수죽을 끓이셨다. 신자, 비신자 할 것 없이 줄을 서서 한 대접씩 받아가서 굶주린 배를 채웠다.

수확할 때쯤 어려운 고비를 넘기자 조 신부님은 계획하셨던 성전건축에 착수하셨다. 성당 앞의 넓은 대지는 그대로 두고 양옆 언덕을 파헤쳐 다시 터를 닦았다. 신자들은 남녀노소 할 것 없이 힘을 모아 즐거운 마음으로 일하였다.

아버지의 땀과 열정이 서려 있던 초기 건물은 역사 속으로 사라져갔지만 이렇게 새로 터를 닦고 큰 돌들을 쌓아올려 2년 만에 웅장하고도 아름다운 현대식 건물이 완성되었다. 홍천 시내를 굽어 내려다보는 그 자태가 위풍당당한 석조건물이었다.

아버지의 바람을 저버리고 당신 외아들이 사제의 뜻을 이루지 못했고 기대했던 막내딸 역시 수녀의 길을 가진 않았으나, 사랑하는 외손자는 당신 마음에 드는 사제가 되었다. 외손자 임홍지 알로이시오 신부를 그토록 자랑스러워하시더니 1971년 82세를 일기로 고요히 선종하셨다.

돌이켜보면 온 생애를 근면함과 진취적인 활동으로 남에게 베풀며 살아오셨기에 자식 된 내 마음도 편안하고 자랑스러우며, 많은 사람들 가슴에 아버지는 굳센 신앙인으로, 성실한 봉사자로, 후덕한 생활인으로 길이 남아있으리라고 믿고 있다.

아버지의 행적을 회고하다 보니 엉뚱한 일기장이 되어 쑥스럽다는 **김시아**는 강보에 싸여 울던 아들 신부가 벌써 회갑을 넘긴 것을 보니 참으로 오래 살았다는 느낌이다. 햇별 드는 창가의 의자에 깊이 몸을 담고 독서와 기도에 열중하다가 문득 이대로 조용히 불려 올라가 하느님 품에 들기를 소망해본다.

400년 냉담 풀던 날

김승주 신부, 꽃동네대학교 교목실장

"신부님! 아버지가 돌아가셨어요." 아침 일찍 걸려온 학생의 전화에 다른 일정을 취소하고 미사가방을 꾸렸다. 오랫동안 냉담 중이던 학생이어서인지 마음이 더욱 동했다.

시외버스를 타고 세 시간 만에 도착한 장례식장, 고인은 30년간 성당 사무장을 역임한 분이셨다. 공간이 비좁아서 몇 분이서 계셨지만 평소와 같이 빈소에서 위령미사를 집전했다.

그런데 영성체를 위해 자리에서 일어난 순간 깜짝 놀랐다. 빈소 입구부터 복도 전체를 발 디딜 틈도 없이 사람들이 가득 메우고 있었다. 성체를 쪼개고 쪼개고도 모자라 성체를 영하지 못한 분들이 꽤 있어 죄송스러운 마음으로 미사를 끝냈다.

그러나 놀라움은 그것으로 끝나지 않았다. 끝없는 고해성사의 행렬…. 눈물로 용서를 청하는 유가족들을 만나다 보니 서너 시간이 훌쩍 지났다.

도대체 어떤 분이 돌아가셨기에 이토록 많은 이들을 불러모으고 회개시킨 걸까? 해가 뉘엿뉘엿 넘어갈 무렵이 돼서야 고해성사가 끝나고 드디어 궁금증을 해소할 수 있었다.

평생 성당을 지키듯 살아온 고인은 가족들의 신앙을 위해 많은 노력을 해왔다고 한다. 매주 일요일 오후가 되면 어김없이 사돈의 팔촌까지 전화를 해 미사에 참석했는지 확인을 했다.

성당에 갈까 말까 망설이고 있던 이들도 주일미사를 거르면 엄청나게 혼이 날 거라는 것을 알기에 전화를 받으면 바로 성당에 갈 채비를 했다.

성당에 다녀왔노라고 거짓말 한 이들은 "오늘 복음이 뭐야?"라는 질문에 답하기 위해 매일미사책이라도 읽어야 했고, 주일 복음을 미리 읽어두고 거짓말 한 이들은 "신부님 강론말씀이 뭐였어?"라는 질문에 답하기 위해 강론집까지 찾아 읽어야 했다.

길고 긴 고해성사의 행렬은 그런 '이상한 냉담자들'이었던 것이다. 그들은 영정을 앞에 두고 눈물로 뉘우치는 '은총의 죄인들'로 바뀐 것이다.

"아버지 유언이 '신앙을 잃지 말고 기도하라.'는 것이었어요. 신부님, 저 다시는 냉담하지 않을 거예요. 이제는 아버지가 하늘나라에서 보고 계시니 거짓말 할 수도 없잖아요." 학생은 그렇게 돌아왔다.

"성사 본 지 10년 됐습니다." "15년 됐습니다." 나는 그날 어림잡아 400년도 넘는 냉담을 풀었다. 그리고 세상에서 가장 행복한 사제가 되었다.

교수인 아버지는 방학만 되면 학생들과 함께 '꽃동네'에 가서 봉사했다. 중1 때 한 달 만에 꽃동네에서 한밤중에 돌아오신 아버지는 신발도 벗지 않은 채 "우리 꽃동네 가서 살면 안 될까?" 하셨다. 이틀 후 세 가족은 꽃동네로 가 '아주 살게' 되었고 그때부터 평생 봉사를 시작한 부모님과 함께 꽃동네에 드나들게 되었다. 그러다 보니 무녀독남 외동아들이라 할아버지가 가문의 기둥을 이으라고 이을 승承에 기둥 주柱자로 이름을 지었는데 가족들의 그 '기둥뿌리를 뽑고' 수도자가 되었다. 꽃동네대학교 교목 신부이자 사회복지학부 교수인 **김승주** 신부는 늘 "사랑은 모든 것을 하나로 묶어 완전하게 한다.콜로 3,14"는 믿음으로 학생들을 가르치고 있다.

웃음 연습

꿈에서나마 딸을 만날 수 있을까

정양금 중학교 교사

그때까지 나는 그저 내 가족만 생각하며 아등바등 살았다. 내 생활신조는 '남에게 피해 주지 않고 착하게 열심히 살자.'는 것이었다. 그러던 어느 날, 건강하고 예쁘게 잘 자라던 열 살 된 딸아이가 '급성백혈병'이라는 진단을 받은 것이다.

기가 막혀 숨도 쉴 수 없었지만, '엄마의 지극정성이면 하늘도 무심하진 않겠지.' 생각하며 새벽 4시면 일어나 좋다는 음식을 만들어 먹였다. 그래서인지 2년 2개월간 입원과 퇴원을 반복하며 항암약물치료를 무사히 마칠 수 있었고 딸은 예전 모습으로 돌아왔다.

그러나 4년째 되던 해 재발되었고 사형선고가 내려졌다. 더이상 희망도 기력도 없는데다가 경제적인 여력도 없어 입원실에서 아이를 끌어안고 뛰어내리고 싶은 충동뿐이었다. 병원 보조침대에 누워 인간이 얼마나 나약한지, 신의 섭리가 없었다면 내가 지금까지 살아올 수 있었는지 곰곰 생각해보게 되었다.

딸은 그간의 고통을 다시 되풀이해야 한다는 사실에 실어증 걸린 사람처럼 아무 말 없이 하루 종일 이불을 뒤집어쓰고 누워만 있었다. 이제 어떻게 해야 할 것인가?

긴 입원생활을 마치고 주일마다 이 교회 저 교회로 아이를 데리고 다녔지만 아이는 그 어떤 것도 받아들이질 않았다.

그러던 어느 토요일 오후, 아들 호준이의 친구가 놀러 왔다가 성당 갈 시간이라면서 가야 한다기에 내가 "우리 호준이도 함께 데려가거라." 했더니 둘은 좋아하며 성당에 갔다.

아들이 돌아와 성당이 좋았다고 하여 나는 딸에게 마지막으로 성당에 한번 가보자고 제안했고 성당 유아실 유리창 너머로 몰래 저녁 미사를 봤다. 돌아오는 길에 딸은 "엄마, 나 성당에 다닐 거예요." 하며 활짝 웃었다. 어두운 긴 터널 속에 있다가 빛으로 나오는 그 순간부터 딸아이는 변하기 시작했고 신앙의 신비를 날마다 순간마다 체험했다.

수녀님의 작은 묵주가 딸의 손에 전해지면서 기도문을 외우기 시작했고, 결석 한 번 없이 교리 반을 마치고 우리 네 식구는 모두 2000년 12월 24일, 세례성사로 하느님의 자녀가 되는 영광을 얻었다.

2년 2개월간 두 번째 약물치료를 마치고 나니 딸은 중학교 2학년이 되었다. 그러나 한숨 돌리는 순간도 잠시 또다시 재발했다. 더 이상의 치료약은 없고 골수이식뿐⋯. 우리나라, 일본, 대만, 미국까지 다 찾았지만 유전자가 맞는 사람이 없었다.

딸은 2003년 4월 23일 부활절 후, 많은 사람들의 기도 속에서 7년간의 힘든 투병생활을 마치고 영원히 평화롭고 고통 없는 하늘나라로 갔다.

부모자식간의 인연이 가장 질긴 것이라 하더니 아이를 보낸 후 뼈가 녹고 살이 타는 듯한, 말로 표현할 수 없는 고통을 혼자만 감당해야 하는 듯 견디기 힘들어할 때, 하느님은 사랑하는 외아들 예수님이 십자가에 못 박혀 고통당하는 모습을 지켜보다가 숨을 거둔 후 품에 안고 오열했을 한 여인의 삶을 통해 나를 위로해주셨다. 성모님의 삶을 본받아 인내하고 순종하며 묵묵히 기도하는 데레사가 되길 바라고 계셨던 것이다.

꿈속에서나마 딸을 만날 수 있을까 싶어 석 달 열흘 동안 밤

낮으로 잠을 자며 영원히 깨어나고 싶지 않을 때 나를 늘 깨워
주고 함께 울고 아파하며 말없이 촛불을 켜고 묵주기도를 해준
대모님, 안타까워하는 눈빛을 보내주던 형제자매들, 미사 전후
출입문에 서서 내 두 손을 꼭 붙잡고 힘을 실어주던 수녀님….

사랑이신 주님은 나를 그대로 내버려두지 않고 희망과 꿈을
가질 수 있도록 너무나 큰 선물을 주셨다. 2004년 9월 13일 내
나이 마흔에 늦둥이 딸을 보내주셨다. 얼마나 예쁘고 사랑스러
운지 이루 말로 표현할 수 없다. 산부인과에서 퇴원하던 날 아
이를 보고 또 보면서 기쁨에 잠이 오지 않아 하얗게 밤을 지새
웠다. 지치지도 힘들지도 않았다.

이제 만 네 살인 딸을 대모님 가족과 주변의 형제자매들, 앞
집 아랫집 모두 헤아릴 수 없는 사랑으로 함께 키워주었다.

먼저 보낸 딸과는 하루도 잊은 적 없이 마음속 대화를 나누
고, 아침에 눈을 뜨면 잠든 아이를 내려다보며 "감사합니다."로
시작해서 저녁 잠자리 들기 전 "감사합니다."로 하루를 마감하
는 기쁜 하루하루를 살아가고 있다.

중학교 때 여자선생님을 보며 너무 부러웠던 **정양금**은 열심히 공부해 마침내 사범대에 합격했다. 쌀 다섯
가마니를 팔아 등록하러 오셨던 아버지가 뜻밖의 장학금 때문에 6천 원만 내고는 딸이 대견스러워 어찌나
좋아하시던지, 그날 지금은 고인이 된 아버지와 자취집에서 오동통한 너구리라면을 끓여 먹었다.
딸을 간병하느라 휴직과 복직을 반복하다가 마지막으로 학교를 나서던 날 다시는 교정에 오는 일이 없을
줄 알았는데, 늦둥이를 낳고 복직했다. 엄마의 손길이 필요한 결손가정 아이들에게 영원히 기억될 따뜻한
교사가 되겠다는 새로운 꿈을 갖게 되었다.

네 번의 베트남 탈출

응위엔 반 동 사업가

나는 남베트남 지역에서 농사꾼의 자식으로 태어났다. 조상들은 모두 가톨릭 신자였고 나도 그 전통에 따라 태어난 지 며칠 후 세례를 받았다. 그렇게 형성된 내 신앙은 스무 살 때 심각한 도전을 받게 되었다. 바로 전쟁이 끝나고 새로운 정치 체제가 들어섰기 때문이다.

1975년 4월 30일, 베트남전쟁이 마침내 끝났다. 베트남의 북과 남이 통일된 것이다. 그렇지만 남베트남에 살던 대다수의 젊은 가톨릭 신자들에게는 풀어야 할 새로운 과제가 생겼다. 공산 국가에서 과연 신앙을 지킬 수 있을 것인가.

공산주의자들은 종교를 일종의 아편으로 보고 있다. 미혹한 사람들만이 신이 있다고 믿는다는 것이다. 베트남 공산정권은 젊은 가톨릭 신자들을 설득해 신앙을 포기하도록 종용했고 시간이 흐를수록 소위 '진보적 시민'이 되어 무신론을 받아들이는 사람들이 점차 늘어났다.

당시 베트남은 중앙계획경제였다. 전쟁 후 베트남은 실업률이 치솟았다. 농사짓는 일을 제외하고는 생산직이건 서비스직이건 모든 일자리는 국영기업에서만 구할 수 있었다.

직장에서 승진하려면 공산당이 후원하는 조직의 추천을 받아야 했다. 당원이 아니면 승진은 말할 것도 없고 안정된 일자리도 보장받을 수 없었다. 나는 규모가 상당히 큰 기업에서 일자리를 얻어 적지 않은 임금을 받고 있었다.

열성을 다해 업무를 수행하자 회사에서는 나를 관리부서의 책임자로 승진시켜 주었다. 나는 기뻤고 자랑스러웠다. 당시 나는 겨우 스물세 살이었고 그 자리는 경영위원회에 직접 보고만 하면 되는 고위직이었기 때문에 사실 대견스러워할 만했다.

승진 후 며칠 지나 회사소속 공산주의 청년동맹 대표자들이 찾아와 자신들이 하고 있는 지도위원회 활동을 적극적으로 하자고 나를 독려했다. 과업을 성공적으로 완성하면 미래를 보장

받게 되리라는 언질을 주었다.

하지만 이 활동을 하기 위해서는 한 가지 조건이 먼저 충족되어야 했다. 그것은 내 신앙을 부정해야 한다는 것이었다. 지원서와 이력서에 내가 가톨릭 신자가 아니라고 기입해야 나를 지도위원회의 일원으로 받아들여 준다는 것이었다.

난 그 제안을 거절할 수밖에 없었다. 내 행동으로 인하여 어떤 불이익을 받게 될 것인지 충분히 알고 있었다. 직장을 잃을 수도 있다는 점을 잘 알고 있었지만 그래도 타협할 수는 없었다. 내가 두려워한 것은 인간이 아니라 하느님이었다. "야훼를 두려워하여 섬기는 것이 지식의 근본이다."잠언 1.7

사실 그것은 매우 힘든 결정이었다. 나는 커다란 야망을 지니고 있었고, 성공을 위해서는 어떤 어려움도 감내해서 당당히 내야망을 성취하고 싶었기 때문이다.

그런 결정을 내린 후 나는 고립무원의 상태에 빠졌다. 예전과 달리 경영위원회로부터 어떤 신뢰도 받을 수 없었다. 내 미래가 절망과 두려움으로 휩싸여갔다.

1976년에서 1978년 사이, 많은 베트남 사람들이 해상을 통해 국외 탈출을 시도했다. 보트피플들 중 상당수가 바다에 빠져 죽고, 약탈당하고, 강간당하고, 굶어 죽었지만, 여전히 많은 사람들이 난민캠프를 거쳐 제3국으로 가면, 보다 나은 삶을 살 수 있을 거라는 희망을 품은 채 위험한 항해에 몸을 맡겼다.

미래를 걱정하던 아내와 나도 탈출하려고 백방으로 노력했다. 우리는 신앙을 견고하게 지킬 수 있고 인권이 존중받는 보다 나은 기회를 찾을 수 있도록 기도했다.

"구하여라, 받을 것이다. 찾아라, 얻을 것이다. 문을 두드려라, 열릴 것이다."마태 7.7

첫 번째 탈출시도는 실패였다. 나는 임신 중이던 아내와 함께 투옥되었다. 아내는 출산예정일이 임박해 석방되었지만, 우리의 첫아이는 태어난 지 일주일 만에 숨을 거두고 말았다. 나는 여전히 감옥에 갇혀있었다. 그로부터 40일이 지난 후에야 나도 감옥에서 나올 수 있었다. 감옥에 갇혀 있는 동안 계속 기도하였고, 하느님의 결정에 순종하였으며 수감기간을 오히려 좋은 묵상의 시간으로 여겼다.

감옥을 나왔지만 상황은 말로 다하기 어려울 정도로 힘들었다. 직장도, 친구도, 미래도 없었다. 도대체 하느님께서는 왜 이 모든 어려움을 우리에게 주셨을까?

그 후 우리는 두 번째 탈출을 시도했다. 떠나기 전부터 우리는 오랜 시간 기도를 드렸다. 하지만 다시 체포되어 투옥되었다. 감옥에서 다시 나오게 되었을 때, 주머니에 돈이라고는 한 푼도 남아있지 않았다. 먹을 것이 없어 이웃에게 구걸해야 했다. 살아남기 위해서라면, 가족을 먹여 살리기 위해서라면 무슨 일이든 마다하지 않았다.

둘째 아이 출산이 임박했을 무렵 운 좋게도 생계를 꾸릴 방안을 찾을 수 있었지만 셋째 아이가 2살이 되었을 때 우리 가족은 또다시 탈출을 시도하다 전 가족이 모두 체포되었다.

네 번째 탈출준비를 하던 중 아내의 마음이 바뀌었다. 베트남을 떠나지 말라는 주님 말씀을 들었다는 것이었다. 아내의 그 결정은 결과적으로 우리 가족 모두를 살렸다. 탈출에 사용하기로 한 배가 해안에서 몇 마일 가지 않아 난파되고 말았기 때문이다. 승선한 2백 명 중 겨우 2명 만이 살아남았다.

그 사건 후, 나는 탈출하겠다는 생각을 접었다. 그리고는 10년 전에 그만두었던 자연과학대학에 다시 다니기 시작했다. 낮에는 가족들을 먹여 살리기 위해 일했고, 밤에는 공부하며 5년 후 졸업할 수 있었다. 석사학위를 받고도 경영학을 계속 공부하였고, 새로운 일자리를 얻기 위해 영어도 공부했다.

1986년, 베트남 정부는 계획경제에서 시장경제로 전환할 것을 결정했다. 이제 국영기업체만이 아니라 민간기업체에서도 일자리를 얻을 수 있게 되어 사람들은 취직과 승진을 위해 반드시 공산당원이 될 필요가 없어졌다. 많은 가톨릭 형제자매들이 개인소유 회사를 설립하였고 또 성공하였다.

이제는 나도 큰 사업체를 경영하고 있다. 내가 회장이자 CEO인 이 회사는 백여 명 이상의 사람들에게 일자리를 제공하고 있다. 이제 우리는 노력, 정직 그리고 성실의 기치 아래 모인 가톨릭 공동체라는 점을 명백히 말할 수 있게 되었다.

하느님의 계획은 우리의 계획과 달랐다. 하느님께서는 우리가 이 나라에 머물러 우리의 소명을 다하기를 원하셨던 것이다. 나는 신앙의 시련이 우리에 대한 하느님의 변치 않는 사랑이 드러나는 좋은 기회였음을 깨달았다.

내가 가톨릭 신자임을 부인할 수 없다고 고백했을 때, 그것은 내 미래를 희생하는 것이라는 점을 나는 분명히 알고 있었다. 그리고 하느님께서는 내세에 반드시 그에 대한 보상도 해주실 것이라고 생각했다. 하지만 하느님께서는 그렇게 하지 않으셨다. 바로 이 세상에서 보상해주셨다.

하느님께서 여러분에게는 어떤 소명을 내려주셨는가?

*베트남 전쟁을 겪은 **응위엔 반 동**은 전쟁의 아픔과 평화의 소중함을 누구보다 잘 안다. 호찌민 시티에서 백여 명의 직원과 함께 큰 사업체를 운영하고 있다. 걸으면서, 운전하면서도 묵주기도를 하면 기분이 좋아지는 사람이다.*

막노동판에서 신학교로

배광하 신부

우리는 고통에 부딪히면 하느님을 원망한다. 자신을 세상에 있게 하신 하느님께 불평을 늘어놓는다. 마치 구약성경의 욥이 불행 끝에 외친 말처럼….

"어찌하여 내가 태중에서 죽지 않았던가? 어찌하여 내가 모태에서 나올 때 숨지지 않았던가?"욥 3,11 그토록 열심히 믿고 법 없이도 살 수 있는 착한 사람들에게 왜 하느님은 힘든 고통을 허락하시는 것일까?

어머니가 아름다운 꽃을 수놓고 있다. 그 곁을 걸음을 걷지 못하는 아기가 엉금엉금 기어가고 있다. 엄마는 아름다운 꽃이 그려진 밑그림을 보며 색실로 수를 놓는데, 아기는 그 반대편을 보면서 의아해한다. '엄마는 저렇게 꼬인 실로 무엇을 하는 걸까?'

'하느님은 왜 우리 가정을, 내 인생을 이렇게 꼬이게 만드는 것일까?' 하고 가끔 우리는 항변하거나 의문을 갖는다. 어쩌면 아기가 엄마의 수놓는 모습을 이해 못 하는 것과 같은 이치일 수 있다. 하지만 아기가 걸음마를 배워 일어서서 엄마 곁으로 다가가게 되면 비로소 아기는 깨닫는다.

'아! 우리 엄마가 이토록 아름다운 꽃을 수놓고 계셨구나.'

알 수 없이 꼬인 실타래 같은 삶 앞에서 우리는 좌절하며 하느님을 원망한다. 그러다가 우리의 믿음이 성장하거나 고통을 극복하여 일어서게 되면, 그리고 하느님 편으로 서서히 다가서게 되면 우리는 하느님이 내 인생을 결코 꼬이게 만든 것이 아니라, 내 인생의 찬연한 봄을 위하여 아름다운 신앙의 꽃을 수놓고 계셨음을 깨닫게 된다.

사도 성 바오로는 이 같은 결론으로 말씀하신다. "내가 아이였을 때에는 아이처럼 말하고 아이처럼 생각하고 아이처럼 헤아렸습니다. 그러나 어른이 되어서는 아이 적의 것들을 그만두었습니다. 우리가 지금은 거울에 비친 모습처럼 어렴풋이 보지만 그때에는 얼굴과 얼굴을 마주 볼 것입니다. 내가 지금은 부분적으로 알지만 그때에는 하느님께서 나를 온전히 아시듯 나도 온전히 알게 될 것입니다."1코린 13,11-12

시골에서 어렵게 학비를 마련하여 초등학교 때부터 도회지로 보내어 공부를 시켰지만, 나는 공부는 하지 않고 친구들과 어울려 다니며 학교를 빠지기 일쑤였다. 고등학교를 간신히 졸업하고 대학도 떨어져 막노동판에서 하루하루 인생을 술로 허비하다가 늦게야 주님이 너무 좋으시다는 것을 깨달았다.

그때부터 세상에 무언가 보탬이 되는 삶을 살아야겠노라 결심하고 신학교 문을 두드렸지만 기초가 부족하여 몇 차례 떨어졌다. 자업자득인데도 나를 원망하기보다는, 사제가 되어 봉사의 삶을 살고자 하는데 이렇게 합격시켜주지 않는다고 되레 하느님을 탓하였다.

그런데 참회와 성찰의 시간을 보낸 후 하느님은 사제직을 허락하여 주셨다. 이제는 시간의 발자국마다 주님 은총의 손길이 아니 미치신 데가 없다는 것을 알 것 같다.

지나간 시간들은 분명 잃어버린 시간이 아니라 꼭 있어야 했던 소중한 체험의 시간이었다. 일어나 주님 쪽으로 가보니 그분은 나를 위해 아름다운 인생의 꽃을 수놓고 계셨다.

평화방송에서 구약을 강의했는데 많은 분들이 강의록을 원하여 결국 출간까지 하게 되었다. 그 강의록 뒤표지에 문득 창세기의 말씀이 생각나 그 구절을 실었다.

"보라, 내가 너와 함께 있으면서 네가 어디로 가든지 너를 지켜 주고, 너를 다시 이 땅으로 데려오겠다. 내가 너에게 약속한 것을 다 이루기까지 너를 떠나지 않겠다."창세 28,15

사기꾼, 교활함, 집념, 잡초같이 생을 살아온, 어쩌면 우리와 같은 모습을 지닌 야곱이 도피 길에서 하늘 닿는 사다리로 천사들이 오르락내리락하는 놀라운 광경을 목격하고 나서 들은 하느님의 말씀이다.

그리고 복음편 강의가 끝난 뒤에는 마태오 복음의 가장 마지막 말씀을 강의록 뒤표지에 실었다. "보라, 내가 세상 끝 날까지 언제나 너희와 함께 있겠다."마태 28,20

묵시록까지 강의가 끝났을 때에는 묵시록의 다음 말씀으로 강의록 집필을 마칠 결심을 했다. "보라, 이제 하느님의 거처는 사람들 가운데에 있다. 하느님께서 사람들과 함께 거처하시고 그들은 하느님의 백성이 될 것이다."묵시 21,3

이렇게 끝내고 나니 신비스러웠다. 구약, 복음, 서간편 모두 강의록 뒤표지의 성경 말씀이 "보라!"로 시작한다는 것이다. 우리가 자주 들었던 말씀은 "쉐마 이스라엘!이스라엘아, 들으라!"였는데, 내가 뽑은 말씀은 "보라!"였다.

구약의 긴 예언의 시대가 끝났을 때 그 예언의 주인공인 메시아 예수가 우리 인생의 동반자로 이 세상에 왔다. 때문에 우리는 그의 탄생을, 제자들을 부르는 장면을, 온갖 기적을 행하는 모습을, 십자가에 못 박히고 부활한 장면을 보게 된다.

우리는 바로 그 장면 곳곳에서 주님께서 끝내 우리 곁을 떠나지 않고 함께하신다는 동행의 언약을 발견한다. 그 동행의 언약 때문에 우리는 고단한 인생길을 이겨나갈 수 있다.

결국 구약에서 시작된 동행의 약속은 묵시록에까지 계속된다. 그 놀라운 하느님 동행의 사랑을 이사야 예언자는 한마디로 "임마누엘 하느님"이라 하였다.

"하느님께서 우리와 함께 계신다." 그 약속이면 되지 않는가? 그 약속이면 희망의 삶을 살 수 있다.

돌이켜보면 꽉 막힌, 희망 없어 보였던 어두운 바닷길을 그분 때문에 헤쳐 지나온 날들이 얼마나 많았는가? 무심한 수많은 이웃들 안에서 그분이 밝혀주는 등불을 바라보며 무상으로 가졌던 남모를 기쁨은 또 얼마나 많았는가? 폭풍이 불고 비가 억수같이 퍼부어도 바람과 비를 막아주던 그분의 따뜻한 가슴을 또 얼마나 많이 느껴보았는가?

　신앙이라는 이름은 희망이며 기쁨이다. 신앙이라는 이름은 함께이며 이길 수 있다는 외침이다. 때문에 내 속에 끈질기게 달라붙어 있는 온갖 실망과 분노, 절망과 자포자기, 실의와 배신, 이기심과 원망은 그 희망으로 말미암아 사라질 수 있는 것이다.

독서를 취미로 삼다가 책까지 출판하게 된 춘천교구 겟세마니 피정의 집 원장 **배광하** 신부는 동생 수녀의 수녀원 수녀님들로부터 얼굴이 붉다는 이유로, 또 피정 지도 및 외부 특강을 열정적으로 한다는 이유로 '불타는 고구마'라는 별명을 갖고 있다. 영적인 휴식을 하고 영혼을 재충전할 수 있는 프로그램을 개발하여 더 많은 이들이 피정의 집을 찾기를 소망하며 매일 피정의 집을 가꾸고 있다.

이태리유학과 종소리

태정화 피아니스트

나는 하느님과는 전혀 관계가 없다고 생각하는 집안에서 자랐다. 초파일이나 보름날에 할머니와 어머니는 절에 가서 불공을 드렸다. 할아버지의 할아버지 대까지 제사를 모시다 보니 명절까지 합하면 거의 매달 제사가 있는 셈이었다.

그런가 하면 할머니는 매년 좋은 날을 받아 팥떡, 백설기 등 시루떡을 정성껏 손수 만들어 집안의 무사와 안녕을 빌며 고사를 지내셨다. 그러면 나는 늦게까지 그 떡을 온 동네에 나르기도 했다.

자연히 하느님이란 존재는 나에게 '십계'나 '쿼바디스' 같은 영화에서나 볼 수 있는 '가공된' 인물이었다. 내가 20대 중반이 될 때까지는.

피아노를 전공한 나는 대학에 들어가면서부터 유학을 계획했다. 서양음악을 '본고장'에서 배워야겠다는 생각만으로. 무조건 영어학원에 등록해 토플 준비도 하고, 독일 문화원도 기웃거리며 내가 청운의 꿈을 품고 떠날 나라들에 대해 정보를 모았다.

그러나 결국 내가 향한 곳은 이태리였다. 걱정이 가득한 부모님의 마음은 아랑곳없이 누가 기다리기라도 하는 듯 신나게 비행기에 올랐다.

커다란 이민 가방에, 늘 베던 것을 베야 잠을 잘 잔다며 할머니가 챙겨주신 베개와 홑이불까지 싸들고, 엄마가 만들어준 전대에 비상금을 넣어 허리춤에 차고는 난생처음 타보는 비행기가 실어다 준 낯선 곳에서의 생활이 시작되었다.

처음 일 년은 그야말로 정신이 없었다. 말도 안 들리고, 도무지 이해되지 않는 그들의 방식을 따라 하기도 벅찼다. 그동안 누렸던 안락함은 가족이라는 든든한 울타리가 있었기에 가능했다는 사실을 깨달았다. 가족에 대한 감사와 내가 만약 잘못된 삶을 산다면 슬퍼하실 그분들의 얼굴이 떠올라 항상 긴장된 나날을 보냈다.

누군가 상의할 대상도 없이 혼자서 판단하고 결정해야 하는 막막한 순간마다 내가 들른 곳은 동네 성당이었다. 가톨릭이 국교인 이태리는 아무리 작은 동네라도 중심부에는 꼭 성당이 있었다. 기도하는 방법도 모른 채 그냥 성당에 앉아 침묵의 대화를 나누다가 오곤 했다. 그리고 막연하나마 모든 일이 내가 아닌 나를 이끄는 거역할 수 없는 큰 힘에 의해 이끌려가고 있다는 느낌이 들었다.

그곳에 살기 시작한 이듬해 추석날이었다. 생일이나 명절에는 특히 더 외로움을 느끼는 법이라 다 같이 모여 차례 지내고 있을 한국의 가족들을 떠올리고 있는데 어느 유학생 부부에게서 전화가 왔다.

"혼자서 뭐해요?" 이런 날 혼자 지내기 더 어려우니 함께 성당에 가자는 것이었다. 한국 교민들이 모인 가톨릭 공동체에서 미사를 드리고 한 가지씩 정성껏 만든 음식을 나누며 나름대로 명절을 보낸다는 것이었다.

"그냥 가기만 하면 돼요?" 다른 때 같으면 사양했을 텐데, 그날은 한국의 향기가 너무 그리웠나보다. 정말 기쁜 마음으로 처음 미사에 참석했다. 그냥 손님처럼….

미사 후 40여 명 정도 되는 교우들이 모여 서로 덕담과 음식을 나누었다. 처음 만나는 분들인데도 집에 온 것처럼 편안했다. 얼마 만에 먹어보는 한국의 맛인가! 내 일생을 통해 그날처럼 많이 먹은 기억이 없다. 그날 밤새도록 속이 부대꼈으니….

그 자리에서 어떤 분이 나에게 미사 때 반주를 해줄 수 있냐고 물었다. "저는 신자가 아닌데요…." 본래 신자가 아닌 사람은 전례에 참여하지 못하지만 반주 없이 성가를 부르기가 어려우니 이태리 신부님도 양해해 주셨다. 이렇게 나는 너무나 자연스럽게 가톨릭 공동체의 일원이 되었다.

얼마쯤 지난 뒤 유학 온 한국 신부님이 우리 공동체를 맡아주셨다. 미사도 그 신부님이 머무르는 프란치스코 수도원의 고색창연한 성당에서 드리게 되었다.

봉쇄수도원인 그 성당에는 정말 근사한 파이프오르간이 있었다. 오르간 다루는 법을 미리 배우기 위해 그곳에 갔다가 몇몇 신자분과 함께 수도원 안을 둘러보게 되었다. 평생 기도와 소임을 실천하며 가난과 순명으로 우리 대신 보속을 드리는 분들을 그렇게 가까이에서 본 것은 처음이었다.

수도원 안의 식당을 지나는데 허리가 거의 90도로 굽은 나이 많은 수사님이 식탁을 차리다가 우리를 보고는 해맑은 미소를 지으셨다. 그때 그 수사님의 표정은 홍안의 소년처럼 깨끗하고 환하게 빛나고 있었다. 인생의 경험이 짧은 내게 그 표정은 불가사의였다. 어떤 마음으로 어떻게 살아가면 저런 표정이 될까? 천사가 있다면 저런 모습이 아닐까? 아직도 그 모습은 강하게 내 마음에 새겨져 있다.

저녁 6시쯤 그 성당의 수사님들이 드리는 성무일도를 듣고 있으면, 내용을 몰라도 알 수 없는 감동에 흐르는 눈물을 주체하기 어려웠다. 그 후 나와 몇몇 예비자를 위한 교리공부가 시작되었고 여러 분의 도움으로 성탄절에 세례를 받았다.

연습을 하다가도 아침 미사를 알리는 종소리, 삼종기도를 알리는 종소리를 들으며 혼자 기도를 바쳤던 아름다운 시간들…. 막막할 때에도 막연한 대상이 아닌 하느님이라는 뚜렷한 이야기 상대가 있었다. '그분이 보시기에 좋은 모습이 무엇일까.' 늘 생각하게 되었다.

무사히 공부를 마치고 귀국했지만 그때는 한국이 오히려 내가 새로 뿌리를 내려야 하는 낯선 곳이었다. 사회인으로서 독립해야 했고 주위의 기대 또한 부담스러웠다. 결혼도 하고, 경력도 쌓아야 하고, 아기도 낳고…. 모든 것이 한꺼번에 닥쳐왔다. 눈앞의 일에 급급해 차츰 그분에게서 멀어져갔다. 모든 일은 내가 하는 것이라는 교만함이 다시 마음을 채웠다.

남편 역시 통신교리로 겨우 세례를 받고 혼배성사를 올린 터라 믿음의 뿌리가 약했다. 그리고 허겁지겁 십여 년을 바쁘게만 살았다. 무엇을 위해 바쁘게 사는가는 생각해보지도 않고 어디로 가야 하는지도 모르는 채로.

미사참례도 제대로 하지 않으면서 내 마음에서만 하느님을 잊지 않으면 된다며 나 편한 대로 위안했다. 그러면서 차츰 그 빛에서 멀어져갔다.

그런데 사십 대에 들어서면서 뭔가 '아닌' 느낌이 들었다. 갑자기 모든 것이 불분명하고 사춘기를 맞이하는 아이들과 인생의 정점에서 내려오기 시작하는 우리 부부 모두 불안하기만 했다. 모두가 예민해져서 서로 상처 주고 아파하고 중심을 잃어버린 듯 두려워졌다. 이런 두려움은 온 집안을 불안하게 했다. 하지만 어떻게 해야 할지 몰랐다.

그런데 주님은 또다시 아주 자연스러운 방법으로 나를 불러주셨다. 내가 가장 좋아하는 사람들을 통해서, 절대로 거부할 수 없는 꼭 맞는 방법으로….

요즘은 자기를 버리고 진리를 따르는 사람들을 많이 접하게 된다. 그리고 그 아름다움에 거의 매일 눈시울을 붉힌다. 아직 내가 확실하게 나를 버리고 그분을 따라가고 있는지에 대한 확신은 없다. 나의 나약함을 잘 알고 있으므로.

하지만 나의 변화에 남편과 아이들도 달라지고 있다. 신앙에는 전혀 관심이 없던 남편이 주일 미사에 빠지지 않고 따라나서더니, 얼마 전 견진성사를 받았다.

그리고 저녁마다 온 가족이 함께 묵주기도를 바친다. 아이들이 눈을 감고 오물오물 기도하는 모습이 얼마나 예쁜지…. 그 순간엔 아이들도 스스로 사랑 자체이신 하느님을 느끼는 것 같다. 내 눈에도 저렇게 예쁜 모습이 그분의 눈에는 얼마나 더 예뻐 보일까.

요즘 나는 성경과 기도를 자주 접할 수밖에 없는 분위기에 둘러싸여 있다. 이 분위기가 너무 좋아 웃으며 하느님께 말한다.

"알아요, 하느님이 절 얼마나 사랑하시는지!"

어려서부터 피아노 칠 때가 가장 즐거워 다른 일은 상상도 못 해봤다는 **태정화**는 이태리유학을 다녀와 20년 가까이 피아니스트로 열심히 살아왔다. 요즘 공연기획과 잡지편집 일을 하면서 진실로 아름다운 한 곳만을 바라보게 되었다. 이제는 피아노 연주도 좋지만 인생 전체를 풍요롭게 연주하고 싶은 꿈이 생겼다.

웃음 연습

김옥기 주부

나는 성당에 왔다갔다만 하는 신자였다. 성당에 가도 나를 반겨주는 사람이 없어 외톨이 같았다. 신부님, 수녀님도 너무 어려워 다가갈 수가 없어 성당도 그만 다니고 싶었다.

그래도 남편이 성당에서 장례미사를 했으니 안 다닐 수도 없고…. 그러던 중 신부님이 바뀌고 성경공부반이 생겼다. 신부님, 수녀님과도 조금씩 가까워지기 시작했다. 그런데 1년 반쯤 되어 신부님이 다른 성당으로 가신단다. 정말 섭섭했다.

다시 새 신부님이 오셨다. 신자들을 보고 미소 짓거나 환히 웃는 모습이 너무 아름다운 신부님이다. 미소만 아름다운 게 아니다. 신부님 오시고 얼마 되지 않은 대림 시기에 촛불만 켜놓은 채 눈을 감고 은은한 목소리로 말씀을 해나가는데, 나는 그 음성이 천사의 말처럼 들렸다.

나한테 해당되지 않는 말이 하나도 없고 다 내 죄처럼 여겨졌다. 왠지 모르게 마음이 편안해지면서 한없이 눈물이 흘렀다. 나는 마음속으로 '주님, 용서해주세요… 용서해주세요….' 외쳤다. 그러자 정말 주님이 나를 용서해주실 것만 같았다.

그날 이후로 나는 완전히 변해 성당 가는 발길이 가벼워졌다. 언제나 그 자리에 두 팔 벌리고 똑같이 계시던 예수성심상이 이제는 두 팔로 나를 안아주신다. 성모님도 '이 가엾은 딸아, 이제 내 품으로 돌아왔구나!' 하며 웃어주신다.

이제 나는 더 이상 외톨이가 아니다. 성당에 가면 모든 사람이 나를 반겨주는 것만 같다. 하얀 치아를 드러내고 활짝 웃는 꾸리아 단장님의 모습에 내 마음도 활짝 열려 다가가서 말을 걸면 웃음으로 화답을 하신다.

신부님은 잘못된 것은 반드시 짚고 넘어가지만, 유머감각도 있어 우리를 웃겨도 주신다. 어버이가 자식을 돌보듯 신자 한 사람 한 사람을 정성껏 돌보신다.

신부님의 연도 소리를 들으면 얼마나 구성진지 연옥에 가지 않고 바로 천당으로 직행할 것 같다. 신부님이 성악가가 되었다면 아마도 세계 일등 성악가가 되지 않았을까.

이제는 그렇게 어렵던 신부님에게 농담도 해본다. 내가 버릇이 없어진 게 아닐까 걱정도 되지만…. 나도 신부님의 맑고 티없는 미소, 꾸리아 단장님의 활짝 웃는 모습이 닮고 싶어 집에서 거울을 보며 연습을 해본다.

그런데 신부님의 미소를 지어보면 뭔가 못마땅해서 인상을 쓰고 있는 할머니가 되고, 꾸리아 단장님의 활짝 웃음을 지어보면 이것 또한 마귀할멈이 된다. 그런 내 꼴을 보며 나 자신이 우스워서 막 웃는다. 그런데 이상하게도 기분이 참 좋아진다.

누가 보면 완전히 노망든 할마씨다. 그래도 나는 웃음 연습을 하면서 웃을 것이다. 우리 신부님이 성경 낭독을 할 때 성경책에 입맞춤을 하시는데 참 보기 좋다. 그래서 나도 이제 그렇게 해보려고 한다.

가난했지만 공부 잘하는 큰딸 덕분에 농장에서 잠 못 자고 일해도 행복했던 **김옥기**는 그 큰딸의 아이들이 중고등학교 다닐 때 서울에 올라와 6년 남짓 손주들 밥을 해먹이며 또 행복을 느꼈다. 지금 그 손주들이 서른이 다 되어가는데도 내가 종아리를 걷으라면 걷을 정도로 잘 따른다. 종교가 없던 남편이 큰딸의 인도로 대세를 받고 저세상으로 가면서 마지막으로 하느님께 기도하는 것을 보며 자신의 삶도 변화되었고 지금은 맞춤법이 자꾸 틀려 쓰고 지우기를 반복하면서도 성경을 필사하고 있다.

빵 심부름 갔다가

장지동 보안사의 사순절

조주형 토암산업(주) 대표이사

보안사 장지동 분실, 빈 책상만 덩그러니 놓인 삭막한 조사실에서 지루하게 조사를 받던 3월 어느 날, 수사관에게 쪽지 하나가 전달되었다. 수사관은 짜증 난 듯 몸을 일으키며 퉁명스럽게 말했다. "가족들이 면회오셨다고 합니다. 오늘은 이만 하죠."

같은 이야기를 반복하고 그 내용을 자필로 기록하고 다시 여러 번 쓰는 조사과정에서 해방되어 가족을 만난다는 반가운 마음으로 조사실에서 나와 심호흡을 했다.

늘 그랬듯이 나는 승용차 뒷좌석 가운데 앉고 좌우에 젊은 수사관 둘이 비집고 앉아 눈을 가리고 면회실까지 호송했다.

면회실에는 아내와 두 딸, 아들이 기다리고 있었다. 처음 면회 온 아이들의 손을 잡으며 이 아이들이 무슨 생각을 했을까 슬그머니 불안해졌다. 평소처럼 웃으며 말하는 나를 보고 아이들도 안심하는 것 같아 참 다행스러웠다.

나는 아내에게 사순절 과제로 시작했던 성경쓰기 공책과 성경을 가져다 달라고 부탁하고, 아이들에게도 기도 많이 하라고 당부하였다. 가족들과 헤어져 숙소 영창으로 돌아온 나는 기도서를 꺼내고 묵주기도를 시작했다.

당시 국방부가 추진하는 차기 전투기 F-X 구매사업의 최종평가과정에서 미국과 한국정부는 어떻게든 미국 보잉사 기종이 선정되도록 하기 위해 국방부 예하 여러 평가기관에 불공정한 압력을 행사했다.

상부는 평가에 참여한 4개 기종 중 1, 2위 기종의 차가 3%에 불과하면 한·미 간의 연합작전 요소를 고려해 기종을 결정한다고 했다. 그러나 유럽 기종은 성능도 우수했고, 첨단기술 이전도 파격적이었으며, 가격도 2억 불 정도 낮아 매우 유리한 조건이었다. 결국 최종평가 시 미국 기종이 3% 이내에 들도록 점수를 획기적으로 높이라는 압력이었다.

나는 이런 사실을 언론사와 인터뷰했는데 내용이 보도되자

국방부와 공군 지휘부는 나를 군인복무규율 위반이라는 명목으로 헌병대로 연행했다.

그곳에서 하룻밤을 새우고, 날이 밝기 무섭게 보안사로 구인되어 48시간 동안 눈 한번 감지 못하고 조사를 받았다. 그런데 피곤한 줄도 몰랐고 정신도 말짱했다. 호락호락 불의에 질 수 없다는 강한 투쟁본능 때문이었던 것 같다.

보안사의 긴급구인 직후 사무실로 돌아와 3일이 지나자 나에게 정식으로 구속영장이 발부되었다. 가족들과 가슴 아픈 작별의 시간을 보낼 때 큰처남이 "모든 것을 버리면 그 어떤 것도 문제 되지 않는다."라고 했다. 이 말은 구속되어 재판을 받는 기간 내내 나에게 큰 힘이 되었다.

구속될 때 나는 기도서와 평소 가지고 다니던 한 단짜리 묵주만을 주머니에 챙겼다. 1971년 12월에 영세를 하고 신심단체 활동도 하였지만 솔직히 묵주기도 방법도 정확하게 몰랐고, 사도신경, 주모경 외에는 기도문을 잘 외우지도 못했다.

그러나 구속 중에는 밤낮으로 수사관과 말씨름하는 시간을 제외하고는 시간이 무척 많았다. 그래서 나는 그 기간을 피정으로 생각하고 혼자 있는 시간을 전부 기도로 채웠다.

아침 6시에 일어나 식사 때까지 1시간 정도는 십자가의 길 기도를 했다. 식사 후 조사실로 갈 때까지는 기도서를 펴고 앞에서부터 거의 모든 기도를 바쳤다. 사제를 위해, 가정을 위해, 조국을 위해, 군인을 위해…. 그래도 시간이 남으면 묵주기도를 시작했다.

낮에는 대략 시간을 추정하여 삼종기도를 바쳤다. 저녁 9시에 조사가 끝나고 돌아오면 잠잘 때까지 책 보는 것도 허용되지 않으니 또 기도하는 수밖에…. 잠자기 전에는 팔굽혀펴기와 윗몸일으키기도 빠뜨리지 않았다.

가족들이 면회를 오면 교도반장이 가끔 특별면회를 허락해주었다. 그러면 아이들을 하나씩 깊숙이 끌어안고 따뜻한 체온을 나누었다. 아이들은 이번 일을 겪으면서 전에는 엄격하기만 했던 아버지를 더 친근하게 여기게 되었다고 했다.

수사관들은 내가 외부의 사주를 받았는지 캐내려고 집요하게 물고 늘어졌다. 군 생활을 그만두어야 할 것을 알면서도 그렇게 태연하게 인터뷰를 할 수 있느냐는 것이었다.

사실 인터뷰 할 당시 갈등이 매우 심했다. 아내에게도 비밀로 하여 아무도 모르는 상태에서 진행된 일이었다. 기자들을 만났을 때도 처음 1시간 정도는 인터뷰를 거부했었다. 평생 쌓아온 모든 것을 버려야 하는 쉽지 않은 결정이었다. 그러나 결국 누군가의 희생으로 우리 사회가 한 걸음 발전할 수 있다면 나 개인의 손실은 감수하자는 생각을 했다.

내가 폭로한 F-X 사업 기종결정 과정에서의 부당한 외압문제는 커다란 사회문제가 되었다. 시민단체에서도 적극 참여하여 많은 격려를 해주었다. 그래도 가장 큰 힘이 되어준 것은 가족들과 성당 교우들이었다. 김석태 주임신부님을 비롯하여 100여 명에 가까운 신자들이 계룡대와 서울 국방부의 재판 때마다 방청석을 가득 메우곤 하였다.

군인이기 때문에 면회가 제한되는 것과 일반인에게는 10일로 제한된 사전구속기간이, 군인에게는 10일 더 연장될 수 있는 것이 인권침해라는 변호사의 말에 헌법소원도 냈다. 이 두 가지 헌법소원은 모두 받아들여졌다.

영창 안에서 군·검찰의 허락하에 신문을 볼 수 있었는데, 4월 중순에 차기 전투기 기종은 미국 보잉사 F-15K로 결정되었으며, 4월 말에 보잉사 회장이 방한하여 한국 국방부 장관과 대담한 기사가 실려있었다.

한국 국방부 장관은 보잉사 회장에게 더 좋은 조건을 제시할 것과 가격을 상대 기종만큼 낮출 것을 요구하였고, 보잉사 회장은 결국 가격을 2억 불 내리면서 최대한 우리에게 유리한 조건도 추가하였다는 내용이었다.

공판에 참가했던 군 선배 한 분이 잠시 만난 짬을 이용해 격려해주었다. "우리나라는 조 대령 덕분에 2억 불 이상을 벌었다네. 그리고 우리 사회가 그만큼 성숙되는 도화선이 되었으니 결코 후회할 일은 아닐 것이네."

그해 장지동에서 보낸 사순 시기에 내가 읽은 책 중에 이런 구절이 생각난다. "사람은 태어나면서부터 세상에 빚을 지고 있기 때문에 그 빚을 갚아야 한다." 자기가 태어나기 전보다 한 가지라도 세상을 더 좋게 만들 책임이 있다는 것이다. 지금도 빚을 갚기 위해 그때 하던 기도습관을 잃지 않고 있다.

장래희망이 농장경영이었던 **조주형**은 군인이 전쟁을 위해서가 아니라 평화를 지키기 위해 있는 것이라는 신념을 갖고 있다. 전역 후 평화는 생명존중에서 비롯된다는 생각으로 새집증후군 문제를 해결하기 위한 무공해 접착제 및 무공해 페인트 제조사업을 하고 있다.

나는 성녀야!

김두남 방송작가

작년 국제 방송작가대회에서 처음 만난 그녀를 호주에 갈 일이 있어 만나기로 했다. 그녀가 불자인 듯해서 나는 불교계 어른들의 글을 모은 책 한 권과 시집 한 권을 가지고 갔다. 시드니 공항으로 마중 나온 그녀와 어색한 포옹….

그녀는 전생에 대한 이야기, 절집에서 귀신과 밤새워 놀던 이야기를 했고 난 내 종교에 대해 이야기했다. "가톨릭은 전생을 믿지 않아." 그러자 그녀도 14년 전에 세례를 받았다는 것이었다. '폴라'라는 세례명으로 불리는 그녀가 전생과 귀신을 이야기하다니….

차를 타고 그녀의 집으로 가며 나는 우스갯소리를 했다. "나는 성녀야!" 내 말에 말도 안 된다며 웃는 그녀를 보며 나는 말을 이어갔다. "어느 날 고해성사를 하는데, 아무리 생각해도 죄지은 게 없는 거야. 십계명을 어기지도 않았고 미사도 안 빠졌고, 매일 똑같이 사는데 내가 죄를 지었으면 얼마나 지었겠냐고…. 뭐 그렇게 고백을 했지.

신부님 콧소리가 심상치 않게 커질 때서야 아차! 싶더라고. 하지만 늦었지 뭐. 보속으로 묵주기도 5단 받고 나왔는데, 다음 주에 신부님이 중대발표를 하더라고. '드디어 우리 성당에 성녀한 분이 탄생하셨습니다. 죄 없는 자매님을 만났죠.'"

내가 신부님의 말을 흉내 내자 차 안은 웃음소리로 가득 찼다. 우리는 누가 먼저랄 것도 없이 서로의 믿음에 대해서 이야기했다.

그녀의 집은 곰팡이 냄새와 습기로 가득 차 있었다. 밝음보다 어둠이 채우고 있었고 삶의 훈기보다 죽음의 냄새가 났다. 나는 그녀의 화장실과 부엌을 청소하고 새카맣게 그을린 냄비를 뽀얗게 닦고 냉장고 속을 다 치웠다.

그리고는 일을 마치고 돌아오는 그녀를 위해 저녁을 차렸다. 그냥 그렇게 하고 싶었다. 집에서는 설거지도 잘 안 하고 청소

기도 안 잡는 내가….

　그녀는 두 아들을 혼자 몸으로 키웠다. 17년 전 중학생이던 아들 둘을 양 손에 잡고 시드니에 이민 왔던 그녀가 이국땅에서 살아남기 위해 어떻게 살았는지는 천주님이 아실 일. 혼자 사는 이국 여인에 대한 무시와 오해 그리고 배신은 곱디고왔을 그녀로 하여금 스스로를 단단히 무장하게 만들었다.

　시드니에서 냉동차를 운전하는 키 작은 여인, 한때는 욕쟁이였고 남자들과 싸워도 지지 않았던 여인, 버섯 박스를 한 번에 네 개씩 나르는 여인, 노래 잘하고 술 잘 마시던 여인.

　그녀가 믿을 것은 오직 그녀 자신뿐이었고 그녀가 가장 의지하고 곁에서 힘이 되었던 자식들도 이제 결혼하여 다들 한국으로 돌아갔다.

　그녀는 외로워 보였다. 자신을 지켜줄 흙담 하나 없는 벌판에 서 있는 것이다. 우리는 믿음에 대한 이야기를 주고받았다. 나는 '진리는 하나이며 진리가 너희를 자유롭게 하리라.'는 말을 거듭 그녀에게 일깨워주었다.

　"내가 잘 아는 남자 있는데 소개해줄게."

　"좋지, 누군데?"

　"예수."

그녀와 함께 4박 5일을 지내고 나는 브리즈번으로 돌아왔다.

주일이 지나고 그녀에게서 전화가 왔다.

"14년 만에 성당에 갔어!"

평소 좋은 짝을 찾게 해달라고 간절히 기도했던 **김두남**은 결국 하느님의 중매로 배우자를 만났다. 교리공부 중 서울 토박이인 그녀의 눈에 띈 사람은 농부의 아들···. 사투리 심하고 촌스럽고 가난하기까지 했지만 선함이 느껴졌다. 마음이 복잡할 때도 어릴 적 엄마가 저녁밥 짓느라 부엌에서 내던 도마 소리와 찌개의 보글거리는 소리를 들으며, 따뜻한 아랫목에 배 깔고 엎드려 만화책 읽던 순간을 생각하면 마음이 평온해진다. 언젠간 남편과 함께 로마에서 모스크바까지 유럽 전역을 자동차로 여행하고 싶다.

아니! 내가 모르는 신자가 있었남?

정도영 신부

우리 본당에는 차를 한 시간이나 타고 오는 할머니가 계신다. 그것도 동네 첫차를 타지 않으면 도저히 미사 시간에 맞추지 못하기에 첫차를 타고 오신다. 도착해서는 미사 때까지 또 한 시간을 기다려야 한다.

집에 갈 때도 교중미사를 마치자마자 바로 터미널로 가야 한다. 그 버스를 놓치면 다음 차까지 세 시간을 기다려야 하기에 미사를 마치면 식사도 거른 채 서두르신다. 나는 이 할머니를 '송방 할머니'라고 부른다.

할머니를 알게 된 지는 몇 개월 안 되었다. 어느 날 미사를 마치고 인사를 하는데 낯선 할머니가 한 분 보이기에 "할머니 어디서 오셨어요?" 하였더니 본당 신자라고 하신다. '아니! 내가 모르는 신자가 있었남? 아무리 영양에 온 지가 7개월밖에 안 되었다고 하더라도 주일 신자가 기껏 50여 명인데…. 가정방문도 다 다녔고.'

두 눈 동그랗게 할머니를 다시 쳐다보았더니 할머니 말씀이 "여름에는 늘 이곳 영양에 있지 않고 아들네 집에 있습니다." 하신다. "휴!" 안도의 한숨이 절로 나온다. 신부가 본당 신자도 못 알아본다고 핀잔 들을까 내심 조마조마했던 것이다.

"할머니~ 그럼 영양 어디 계세요?" 물었더니 "송방 사니더." 하신다. '송방! 생소한 동네 이름이네? 그럼 이 근처가 아닌가 보다.' 지난여름 태풍 매미로 인한 수재민들을 돕기 위해 영양 골짜기를 안 누빈 곳이 없어서 영양군의 동네 이름은 다 안다고 생각했었는데 또 난감해지기 시작한다.

"송방요?" 하자 할머니 말씀이 "발리에서 한참 더 가면 있니더." "아하! 수비면 발리요! 할머니, 그 약수 나오는 데서 쭉 더 가면 있는 거 말하는 거지요?"

"맞니더, 신부님." 이제 의사소통이 좀 될 것 같았다. "알아요. 그 송하계곡 가는 곳 맞지요? 저는 거기까지는 못 가보았는

데….” 할머니는 웃으시면서 송하계곡에서도 한참을 비포장도
로로 달리면 나오는 버스종점 동네에서 조립식으로 지은 첫 집
이 할머니 집이라고 한다.

“아이구! 할머니 멀리서 오셨네요. 그런데 지금 바로 가지 마
시고요. 오늘 성당에서 윷놀이하니까 점심 드시고 가세요.”
“아휴, 안 되니더. 버스가 없어서….”
“할머니~ 버스 걱정 마세요. 제가 모셔다 드릴게요.”
“안 돼요. 거기 비포장이고 너무 멀어서 안 돼요. 신부님 피
곤해서 안 돼요.”
“그럼 할머니 내 모셔다 드릴게, 저녁밥 주이소. 그러면 되잖
아요. 송하계곡 유명하다던데 구경도 할 겸. 저 오늘 윷놀이하
고 나면 시간 많아요. 하하하.” 먼 거리를 오셨는데 그렇게 외
롭게 혼자 보내드리는 것이 못내 마음에 걸려 할머니께 막무가
내로 떼를 썼다.
“집에 반찬도 없는데 신부님 모시기에 너무 준비가 안 되었
는데요?”“할머니, 저 된장찌개 무지 먹고 싶어요. 집에서 그냥
드시는 그런 밥 먹고 싶어요.”
옆에 계시던 다른 할머니들이 거들어주신다. “할매 그라이소.
우리도 이참에 함 송방댁 구경도 합시다.”

"정말이에요. 된장찌개랑 김치면 됩니다. 사제관에 물도 다 떨어졌는데 생수도 좀 떠가지고 오지요 뭐." 이렇게 할머니를 설득했다.

그리고 윷놀이를 마치고 공소와 본당 신자들을 다 돌려보낸 뒤에 본당 수녀님과 자매님 두 분 그리고 할머니 두 분을 더 모시고 송방 할머니 사시는 곳으로 나섰다.

골짜기에 골짜기를 지나 한참을 들어가자 정말 외진 곳에 여덟 가구가 모여 사는 곳이 나왔다. 작지만 아담한 동네였다. 우리 봉고가 마을에 들어섰는데 사람이라곤 냇가에 하우스를 손보고 계시는 할아버지와 할머니 두 분만 보였다.

송방 할머니는 신부를 이곳 골짜기까지 데리고 온 것이 미안스럽기도 하지만 그래도 기분은 좋으신지 발걸음이 가벼웠다. 할머니께서 방으로 먼저 들어가서서 방석을 펴시며 조금만 기다리라고 하신다. 혼자 지내다 보니 보일러를 돌리지 않고 전기 온돌만 사용하고 계셨던 것이다.

할머니는 이래저래 바쁘게 움직이신다. 이 산골에 신부, 수녀를 초대할 수 있음이, 아니 밥 한번 같이 먹을 수 있음이 얼마나 좋은지 모른다고 얼굴을 붉히며 할머니는 저녁준비를 하셨다. 집에 아껴놓았던 산나물들을 듬뿍듬뿍 차리신다. 참기름도 뚜

껑을 열고 듬뿍 부으신다.

한 상 푸짐하게 차려졌다. 산나물이 여간 맛있지 않았다. 그리고 내가 그토록 바라던 된장찌개 역시 너무 맛있었다. 그 구수한 맛에 산나물 얹어서 참기름 넣고 영양 고추로 만든 고추장으로 비벼서 밥까지…. 캬! 최고 음식이었다.

모처럼 양은냄비에 두 그릇을 뚝딱 비웠더니 배가 불렀다. 우리가 준비해간 딸기며 과일로 입가심을 하면서 할머니와 옛날 얘기며 요즘 세상 얘기를 재미나게 나누었다.

산골에 사신다고 무시했다가 큰일 날 뻔했다. 알고 봤더니 할머니 아들이 독일에 산다는 것이다. 1년에 한 번씩 독일을 다녀오신다고 했다. 내가 "할매 혼자서 비행기를 어떻게 갈아타셔요?" 했더니 그냥 빙긋 웃기만 하신다. 독일어를 좀 하시는 모양이었다.

어쨌든 할머니의 푸짐한 대접에 그날은 너무나 행복했다. 그리고 할머니가 아들 집에 가면 이곳에 와서 별장처럼 지내라는 말씀에 더욱 기분이 좋아졌다. "식사하세요."라는 인사 하나로 나는 백 배의 기쁨을 맛본 셈이다.

운동복을 입고 있으면 고등학생처럼 보인다는 30대 초반의 경북 영양 성당 **정도영** 주임신부는 작은 본당을 꾸려가느라 무척 바쁘다. 나물 캐기, 고추모종 심기, 부대나 교도소 방문으로 한 주를 보낸 후 주말이면 아이들을 위해 중고로 장만한 53인치 TV로 영화상영도 한다.

빵 심부름 갔다가

수도원에 입회하고서 들었던 얘기 중에 지금도 기억나는 얘기가 있다.

"사냥개 한 마리가 토끼를 발견하면 막 짖으면서 달려간다. 그러면 주위에 있던 다른 사냥개들도 덩달아 달려간다. 그런데 덩달아 달려가던 사냥개들은 힘들면 포기하지만, 처음에 달려가던 사냥개는 끝까지 쫓아간다. 왜냐하면 그 사냥개는 토끼를 직접 보았기 때문이다."

나는 금년 7월 4일에 새남터 성당에서 사제품을 받았다. 서품식 날 성인호칭 기도를 하는데 성령의 빛이 정말 빗줄기마냥 쏟

빵 심부름 갔다가 201

아져 내리는 느낌을 받았다.

언제나 성인들의 전구를 청하는 호칭기도 때면 가슴이 먹먹해지곤 한다. 그 은총의 순간순간, 그 통공의 은혜 사이사이에 얼마나 많은 이들의 기도가 스며있겠는가?

고1 여름 방학이었다. 주일학교 캠프가 끝나고 본당 수녀님은 내게 차비를 얼마간 주시며 프란치스코 수도회 성소모임에 보내셨다. 나는 그냥 여행 간다는 기분으로 정동 수도원에서 하룻밤 묵기도 하고 산청 나환우촌에서 2박 3일의 성소자 피정을 했다. 그런데 지금 생각해보면 바로 그곳에서 내 성소가 시작된 것 같다.

그곳 나환우촌에서 환우들과 함께 미사를 하는데 미사를 집전하시는 신부님이 우리를 수도회 성소자들로, 장차 수도 사제가 될 사람들이라고 소개하셨다.

미사가 끝났는데, 나와 보니 할머니 한 분이 서 계셨다. 그분은 이미 병이 깊어 눈도 안 보이고, 손과 발이 거의 형체가 없어서 거동이 불편하신 분이었다. 나도 모르게 덥석 그분의 손을 잡고서 "댁이 어디세요?" 하고는 언덕 너머 그분의 집까지 모셔다 드렸다.

할머니는 "아이고, 학생! 학생이 수도회 신부님이 꼭 되라고 내 죽을 때까지 기도해줄게. 꼭!" 그렇게 약속하셨다. 나는 그 때 그 말을 흘려들었다.

나중에 아주 나중에 수도원에 와서 지난날을 되돌아보는 순간, 문득 그분의 기도가 정말로 나를 이곳으로 이끌었다는 강한 확신을 갖게 되었고, 기도의 무서움과 오묘함을 느꼈다.

대학생 때는 주일학교 교사를 했다. 그리고 대학을 졸업할 즈음, 이왕이면 장교로 군 복무를 하리라고 결심하고 해병대 장교 시험에 지원했다. 운 좋게 시험에 합격해서 해병대 장교훈련을 받으러 진해에 있는 해군사관학교로 갔다.

그런데 훈련 시작 딱 2시간 만에 나를 비롯한 그곳에 있던 대부분의 지원자들은 겁에 질려버리고 말았다. 상상을 초월하는 해병대 훈련…. 그렇게 4개월간 훈련을 받고서 나는 말 그대로 눈에서 독기가 철철 흐르는 해병대 장교로 임관했다.

또 5개월간 육군에서의 훈련, 그리고 배치된 곳이 백령도였다. 해병대 중에서도 가장 군기가 세고, 북한의 장산곶을 15km 앞에서 바라보는 서해 최북단의 섬. 1년 내내 1급 비상상태로 근무해야 하는 그 백령도에서 나는 발칸 소대장으로 보직을 받았다. 그런데 내가 배치받은 소대 본부가 바로 백령 성당에서 3분 거리에 있는 해안부대였다.

훈련을 너무 혹독하게 받은 탓인지 당시 내 영혼은 매우 황폐한 상태였다. 거친 해병대원들과 일주일 내내 씨름하다가 지친 영혼을 끌고 찾아가는 오아시스는 바로 성당이었다. 그리고 수녀님을 처음 뵈올 때 왜 그리 마음이 저며왔는지. 수녀님의 따뜻한 말 한마디가 당시 나에게는 너무나 소중한 위안이었고 삶의 의미였다.

그리고 몇 달 뒤 소대장 생활을 하면서 주말이면 성당에서 아이들을 가르치는 주일학교 교사를 하게 되었고, 제대할 때까지 주말이면 늘 성당에서 생활하게 되었다.

첫 휴가를 가던 날, 수녀님은 조용히 나를 부르더니 돈 3만 원을 주시는 것이었다. "내가 섬으로 소임을 받는 바람에 잘 알고 지내는 수사님께 인사도 못했어. 우리 요한이가 나가면 이걸로 빵이라도 사 들고 가서 대신 안부 좀 전해줘." 나는 무심결에 그러마 하고 첫 휴가를 나왔다.

첫 휴가라서 시간 가는 줄 모르고 친구들과 어울리다가 어느덧 복귀일이 다가오고 문득 수녀님과의 약속이 떠올랐다. 돈까지 받았으니 수사님을 안 찾아갈 수 없어서 연락을 드리고 빵을 좀 사 들고서 수사님을 만났다.

알고 보니 그분은 한국 순교복자 수도회 성소담당 수사님이었다. 그날 그 수사님과 많은 얘기를 나누다 술도 좀 마시고 결국 수도원에서 자게 되었다.

그렇게 인연이 되어서 휴가 때마다 수도원에 놀러 가게 되었고, 나는 알게 모르게 하느님의 사람들을 만나고 그들의 향기에 취하게 되었다. 진로를 결정해야 할 때가 되었을 때, 내 마음은 오로지 하느님을 따르는 수도자들에 대한 선망으로 가득 차있음을 깨달았다.

내 영혼이 그렇게 아프고 피폐했을 때, 한 줄기 빛이 되어주신 수녀님, 순수한 영혼과 단순한 삶 안에서 살아가시는 수사님들을 뵈면서 느꼈던 그 평화로움. 내가 그분들의 작은 부분이라도 닮을 수 있다면 나는 행복하리라 여겼고 그래서 주님의 부르심에 기꺼이 응답하게 된 것이다.

아니 이 길은 이미 천지창조 이전부터 계획되었던 길이었다. 주님의 사랑 안에서 태어났고 주님의 사랑을 위해서 예정되었던 것이다. 단지 나는 작은 목소리로 그리고 기쁜 목소리로 "네." 하고 대답했을 뿐이다.

수도생활을 시작한 지 이제 겨우 강산이 한 번 변할 정도의 시간이 흘렀다. 처음에 나는 '내가 덩달아 달리는 사냥개가 아닐까? 결국 힘들면 중도에서 그만두는 게 아닌가?' 걱정하고 의심하고 불안해했다.

그러나 지금은 분명히 말할 수 있다. 주님은 정말 나와 함께 해주셨다는 걸, 나는 온몸으로, 온 영혼으로, 온 슬픔으로, 온 기쁨으로 그분을 만났었다는 것을….

그분은 내 삶의 순간순간에 내 호흡의 들숨 날숨에 함께해 주셨다. 그분을 믿고 가는 길, 그분을 조금이라도 더 알게 되는 길, 아니 그분 안에서 그냥 쉬면서 머무는 길이 참 행복이고, 참 진리임을 말하고 싶다.

여러분도 토끼를 직접 보시길 간절히 기도한다. 평화.

어려서부터 반장, 전교회장, 여러 단체의 리더를 도맡아 하면서 정치가의 꿈을 가졌던 **김 성** 신부는 스무 살 때 일기를 뒤적이다가 '나의 장래 희망… 1. 수도 사제 2. 정치가'라고 쓴 글을 발견하고 스스로도 깜짝 놀랐다. 수도원에 들어가 자신을 더 깊이 알게 되고 그로 인해 하느님께 조금 더 가까이 갈 수 있게 된 것이 가장 큰 변화다. 영적으로 사람들에게 위안이 되는 그런 수도자가 되고 싶다.

생일날 폭탄이 투하되고

에스텔 발마 선교사

나의 열여섯 번째 생일은 내 삶이 새로 시작된 날이다. 그날도 여느 생일처럼 학교 친구들의 축하와 선물을 받고, 오후에는 클래식기타를 배웠다. 당시 나는 스페인 중산층 자녀가 가질 수 있는 모든 것을 다 갖고 있었다. 좋은 집, 멋진 부모님, 오빠와 두 언니…. 나는 행복한 아이였다.

뉴스에 관심이 많았던 나는 항상 잠들기 전 라디오로 세계 곳곳의 소식을 듣는데, 2년 전엔 베를린 장벽의 붕괴소식을 듣고 얼마나 행복했는지 모른다.

그런데 그 생일날 밤엔, 걸프전이 시작되었다는 소식을 들게 되었다. "오늘 밤, 대규모의 폭탄투하로 걸프전이 시작됩니다…. 연합군은 10만 대의 전투기를 출격시켜 많은 군사기지와 민간시설을 파괴하였습니다."

그 순간 눈물이 흘러내렸다. 당시 나는 기도하는 방법조차 몰랐지만 나의 첫 번째 기도를 올렸다.

"주님, 이라크나 쿠웨이트에도 오늘 저처럼 생일을 치렀을 소녀가 있습니다. 그녀가 있는 곳에는 행복이나 선물은 없고 소음과 괴로움, 죽음만 있습니다. 오늘 저를 위해 선물을 하나 더 부탁드립니다. 이 지구에 평화를 주시고, 그 아이에게 평화로운 생일을 허락하소서."

대학과 전공을 결정할 때, 예전 내 기도 속의 이라크 소녀가 떠올랐다. 언어를 배우는 것도 무척 좋아한데다, 전쟁지역이나 고통받는 사람들을 위해 국제기구에서 일할 수 있을 것 같아 통역과 번역을 전공하기로 결심했다.

그렇지만 2학년이 되면서 서서히 기도와 순수함을 잊어가고 있었다. 콘서트, 친구, 동아리, 오락 등 런던의 화려하고 그럴듯한 일상에 빠졌고, 남자친구까지 있었던 나는 세상 그 누구도 부럽지 않았다.

그러다 내가 좋아하던 '크랜베리즈' 밴드의 콘서트 날, 나는 엄청난 것을 경험하게 되었다. 멋진 콘서트가 끝난 후, 우리는 사인을 받기 위해 '로열 알버트홀' 밖에서 밴드가 나오기를 기다리고 있었다.

그런데 그때 콘서트에 온 십여 명의 젊은이들이 혼수상태로 들것에 실려 나오고 있었다. 몇몇은 거의 죽은 것처럼 보였는데 술과 마약을 과다복용해서 그렇다는 것이다. 그 충격적인 모습은 내 기억에서 오랫동안 사라지지 않았다.

그날 밤 나는 또 울며 이번에는 하느님께 화를 냈다. "도대체 왜 이런 일들이 일어나도록 내버려두시는 겁니까? 정말 당신이 사랑이라면, 당신이 사람들을 사랑하신다면, 도대체 무엇을 하고 계신 겁니까?"

그날 밤 나는 하느님의 목소리를 듣지 못했지만 런던에 머무르던 그해, 아주 조금씩 귓가의 속삭임처럼, 부드럽고 연약한 산들바람처럼, 마음 깊은 곳의 소리를 들었다.

'내가 너를 만들었다. 그들에게 가거라. 나의 젊은이들에게 가서 내가 그들을 얼마나 사랑하는지 알려주거라. 그들의 삶이 나에게 얼마나 소중한지를.'

그 당시 유럽의회나 유엔에서 일하고 싶은 나의 꿈은 거의 이루어지고 있었다. 젊고 행복했으며 멋진 남자친구와 밝은 미래를 꿈꾸던 나에게 하느님의 소명 같은 게 안중에 있을 리 없었다. 하지만 내 마음속엔 화려한 삶의 공허함과 진실을 향한 목마름이 뒤섞여 들어오고 있었다.

그때 선교단체의 회원이 된 언니의 권유로 런던 근교에서 열리는 청년들을 위한 기도 모임과 피정, 미사에 참가하게 되었다. 거기서 진리를 향해 가는 그들의 삶이 얼마나 빛나고 있는가를 보면서 충격을 받았다.

그들의 청빈과 행복, 순수와 진실이 내 마음에 강하게 와 닿았다. 그래서 그들에게 기도하는 방법을 가르쳐달라고, 하느님께 나를 이끌어달라고 부탁했다.

그 무렵, 하느님은 기도 속에서 나의 모든 의문에 답을 주셨다. 세상과 전쟁, 삶과 그 의미, 슬픔과 공허함, 그리고 내 젊음과 미래에 대해서.

스무 살이 되던 그해 말, 나는 일주일간 영성수련에 참가했다. 그때 나는 생명 그리고 진정한 행복으로 이끄는 것이 아니면 아무것도 하고 싶지 않았다.

"나는 내 백성이 이집트에서 고생하는 것을 똑똑히 보았고 억압을 받으며 괴로워 울부짖는 소리를 들었다. 나 이제 내려가서 그들을 이집트인들의 손아귀에서 빼내어 젖과 꿀이 흐르는 아름답고 넓은 땅으로 데려가고자 한다.

내가 이제 너를 파라오에게 보낼 터이니 너는 가서 내 백성 이스라엘 자손을 이집트에서 건져내어라."

이는 하느님께서 모세에게 전하는 탈출기 말씀이지만, 이제는 나에게 하시는 말씀으로 들렸다. 그래도 나는 성소를 받아들이고 남을 도울만한 사람은 못 된다고 생각했다. 나의 모든 것, 나의 꿈, 일, 남자친구, 가족을 버리고 선교사가 되리라는 것은 상상조차 못했었던 내가 무척 가난하고 연약하게 느껴졌기 때문이다. 그렇지만 기도를 하면서 엄청난 평화를 느꼈고, 성모님의 응답이 내게 전해졌다.

"주님, 주님을 모시기에 합당치 않사오나 한 말씀만 하소서. 제가 곧 나으리다." 그러자 그분은 내가 그분을 필요로 하는 만큼, 그분도 나를 필요로 한다고 말씀하셨다.

나는 새로운 삶을 시작했다. 나는 슬픔과 허망함이 나의 마음을 어떻게 두드렸는지, 그리고 하느님께서 그것을 어떻게 치유하며 참된 행복과 의미 있는 삶으로 이끄셨는지만 기억하면 되었다. 단 한 명이라도 예수님의 사랑을, 생명의 소중함을 깨달을 수 있다면 그것으로 충분하다고 생각하며 내 인생을 바치기로 결심했다.

내가 선교사가 된 지도 15년이 넘어 어느새 서른다섯 살이 되었다. 그동안 많은 이들이 나의 삶 속에 들어왔고, 나 역시 많은 이들의 삶 속으로 들어갔지만 예수님의 사랑만이 우리에게 평화를 준다는 사실을 지금처럼 확신해본 적이 없다. 예수님의 자비와 용서만이 우리 삶의 기반이기 때문일 것이다.

스페인 그라나다에서 태어난 **에스텔 발마**는 여름이면 오빠, 언니들과 해변에서 즐겁게 뛰어놀던 시간들이 아직도 생생하다. 유엔 같은 국제기구에서 일하고 싶어 번역과 해석학을 공부하다가 우리의 고통에 애타하는 하느님의 소리를 듣고 로마 교황청 안토니아 대학에서 신학을 공부하게 되었다. 선교회에 들어가서는 몸도 아프고 가족 일로 우울증까지 왔지만 동료들의 끊임없는 애정 덕분에 그 괴로운 시간을 차츰 '자비의 시간'으로 받아들일 수 있었다. 지금은 대전교구 청소년부 가톨릭 선교사로 일하고 있다.

50대 중반의 나이에 세례받은 나는 가끔 뒤늦게 가톨릭 신자가 된
연유에 대해 질문을 받는다. 어떤 특별한 종교적 체험이 있었는가 하고
묻는 사람도 있다. 어린 시절 내가 생각한 하느님은 어린이 성경책의
삽화에서처럼 장막 저편, 구름 저편의 낯선 존재였다.
불붙는 떨기나무 숲에서 들려오는 음성, 우레와 벼락으로 사람들을 두려움에
떨게 하던 노여움 많고 질투심 많은 이방인의 신이 '사랑의 하느님'으로
내 삶을 주관하시기까지 50년의 세월이 필요했던 것이다.
기도를 올리며 한적한 길을 걷노라면 마더 데레사의 인터뷰 장면이
떠오르기도 한다. "수녀님은 주로 어떤 기도를 하십니까?" 좀 생각하시다가
"저는 주로 듣습니다." "그러면 하느님께서는 어떻게, 무어라고 하십니까?"
"그분도 들으시지요."

50년 만의 만남 오정희

어느 날 고해성사를 하는데, 아무리 생각해도 죄 지은 게 없는 거야.
십계명을 어기지도 않았고 미사도 안 빠졌고, 매일 똑같이 사는데
내가 죄를 지었으면 얼마나 지었겠냐고…. 뭐 그렇게 고백을 했지.
신부님 콧소리가 심상치 않게 커질 때서야 아차! 싶더라고. 하지만 늦었지 뭐.
보속으로 묵주기도 5단 받고 나왔는데, 다음 주에 신부님이 중대발표를
하더라고. "드디어 우리 성당에 성녀 한 분이 탄생하셨습니다.
죄 없는 자매님을 만났죠."

나는 성녀야! 김두남